PONS

Pocket-Sprachführer
Türkisch

PONS GmbH
Stuttgart

PONS Pocket-Sprachführer
Türkisch

Bearbeitet von: Ines Balcik

Entwickelt auf der Basis des
PONS Sprachführers Türkisch ISBN 978-3-12-518543-2

1. Auflage 2018 (1,02 – 2019)

www.pons.com
E-Mail: kundenservice@pons.de

Umschlagfotos: shutterstock/Viacheslav Lopatin
Logoentwurf: Erwin Poell, Heidelberg
Logoüberarbeitung: Sabine Redlin, Ludwigsburg
Satz: Satzkasten, Stuttgart
Druck: L.E.G.O. S.P.A., Lavis
Printed in Italy

ISBN 978-3-12-518567-8

Vorwort

Liebe Leserin, lieber Leser,

Sie reisen in die Türkei und suchen die passende Sprachbegleitung? Egal ob Sie sich fragen, wie das türkische Wort für Vollpension lautet, oder ob Sie auf Türkisch erklären wollen, dass Ihr Auto nicht anspringt: Der PONS Pocket-Sprachführer hilft Ihnen in jeder Situation weiter.

Sie finden die wichtigsten vorformulierten Sätze für die Reise in neun thematisch gegliederten Kapiteln. Und wenn es mal besonders schnell gehen muss, schlagen Sie einfach im Wörterbuchteil nach: Von A wie Abendessen bis Z wie Zwischenlandung haben wir den wichtigsten Reisewortschatz für Sie zusammengestellt.

Lassen Sie den Sprachführer sprechen und genießen Sie Ihre Reise.

Eine schöne Zeit wünscht Ihnen

Ihre

PONS Redaktion

Inhalt

Aussprache

Das Türkische wird in der Regel so ausgesprochen, wie es geschrieben wird.

Besonderheiten

- Die Betonung liegt bei zwei- und mehrsilbigen Wörtern auf der zweiten Silbe. Ansonsten gilt gleichschwebende Betonung.
- Doppelkonsonanten, Doppelvokale bzw. Vokalverbindungen werden deutlich vernehmbar getrennt gesprochen.
- Mit Ausnahme des Dehnungs-g (ğ) wird jeder Vokal und jeder Konsonant deutlich vernehmbar ausgesprochen.

a	[a]	wie in **a**lle	akşam	[ak'ʃam]
e	[ɛ]	wie in B**ä**cker, h**e**ll	ekmek ben	[ɛk'mɛk] [bɛn]
ı	[ə]	wie in bitt**e**n, dank**e**n	ırmak ışık ılık	[ərmak] [ə'ʃək] [ə'lik]
i	[i]	wie in M**i**nute	ipek	[i'pɛk]
o	[ɔ]	wie in **o**ffen	okul	[ɔ'kul]
ö	[œ]	wie in R**ö**cke	özel	[œ'zɛl]
u	[u]	wie in B**u**tter	uzun	[u'zun]
ü	[y]	wie in T**ü**r, **Y**psilon	üzüm	[y'zym]
y	[j]	wie in **j**eder	yok yemek	[jɔk] [jɛ'mɛk]
c	[dʒ]	etwa wie in In**ge**nieur, wie das englische „j“ in **J**ohn	cam cep	[dʒam] [dʒɛp]

ç	[tʃ]	wie in **Tsch**eche, deu**tsch**	çan çok	[tʃan] [tʃɔk]
h	[x]	wie in a**ch,** no**ch**	hamam Ahmet	[xaˈmam] [axˈmɛt]
ğ	:	Dehnungs-g, wird nicht ausgesprochen. Entspricht dem deutschen Dehnungs-h, d. h. der Vokal davor wird lang gesprochen.	yağmur sağ	[jaːˈmur] [saː]
j	[ʒ]	wie in Gara**g**e, Lo**g**e, wie das französische „j" in **j**ournal	jilet Ajda	[ʒiˈlɛt] [aʒˈda]
l	[l]	bei dunklen Vokalen wie das englische „l" in ha**ll**	kutlu şekerli	[kutˈlu] [ʃɛˈkɛrli]
r	[r]	Zungen-r	şeker rahat	[ʃɛˈkɛr] [raˈxat]
s	[s]	wie in rei**ß**en, la**ss**en	su siz	[su] [siz]
ş	[ʃ]	wie in **sch**ön, Ti**sch**	şeker şaka	[ʃɛˈkɛr] [ʃaˈka]
v	[v]	wie in **W**asser, **V**ioline	var vermek	[var] [vɛrˈmɛk]
z	[z]	wie in le**s**en, rei**s**en	zeytin deniz	[zɛjˈtin] [dɛˈniz]

Zum Einstieg

Wenn Sie Wünsche oder Fragen haben, scheuen Sie sich nicht, einen Einheimischen zu fragen. Die Türken sind ausgesprochen kommunikationsfreudig. In Großstädten und touristischen Gebieten verstehen inzwischen viele ein wenig Deutsch. In ländlichen Gebieten sprechen die Menschen meist nur ihre Muttersprache. Doch wo es an Wörtern mangelt, kommen Hände, Füße und vor allem die Fantasie umso mehr zur Geltung.

Das Wichtigste in Kürze

Ja.
Evet.

Nein.
Hayır.

Bitte.
Lütfen.

Danke!
Teşekkür ederim./Sağ olun.

Wie bitte?
Efendim?/Nasıl?

Selbstverständlich!
Elbette.

Einverstanden!
Kabul!

Okay!
Peki!

In Ordnung!
Tamam!

Verzeihung!
Affedersiniz!

Einen Augenblick, bitte!
Bir dakika, lütfen.

Genug!
Yeter!

Hilfe!
İmdat!

Wer?
Kim?

Was?
Ne?

Welcher/Welche/Welches?
Hangisi?

Wem?
Kime?

Wen?
Kimi?

Wo?
Nerede?

Wo ist/Wo sind ...?
... nerede?

Woher?
Nereden?

Wohin?
Nereye?

Warum?
Niçin?

Wozu?
Niye?

Wie?
Nasıl?

Wie viel?
Ne kadar?

Wie lange?
Ne kadar zaman?

Wann?
Ne zaman?

Ich möchte ...
... istiyorum.

Gibt es ...?
... var mı?

Zahlen – Maße – Gewichte

0	sıfır
1	bir
2	iki
3	üç
4	dört
5	beş
6	altı
7	yedi
8	sekiz
9	dokuz

10	on
11	on bir
12	on iki
13	on üç
14	on dört
15	on beş
16	on altı
17	on yedi
18	on sekiz
19	on dokuz
20	yirmi
21	yirmi bir
22	yirmi iki
23	yirmi üç
24	yirmi dört
25	yirmi beş
26	yirmi altı
27	yirmi yedi
28	yirmi sekiz
29	yirmi dokuz
30	otuz
31	otuz bir
32	otuz iki
40	kırk
50	elli
60	altmış
70	yetmiş
80	seksen
90	doksan
100	yüz
101	yüz bir
200	iki yüz

300	üç yüz
1000	bin
2 000	iki bin
3 000	üç bin
10 000	on bin
100 000	yüz bin
1 000 000	bir milyon
1.	birinci
2.	ikinci
3.	üçüncü
4.	dördüncü
5.	beşinci
6.	altıncı
7.	yedinci
8.	sekizinci
9.	dokuzuncu
10.	onuncu
1/2	yarım
1/3	üçte bir
1/4	dörtte bir, bir çeyrek
3/4	dörtte üç
3,5 %	yüzde üç buçuk, % 3,5
27 °C	yirmi yedi derece
-5 °C	eksi beş derece
1999	bin dokuz yüz doksan dokuz
2000	iki bin
2018	iki bin on sekiz

Millimeter	milimetre
Zentimeter	santimetre
Meter	metre
Kilometer	kilometre
Quadratmeter	metre kare
Quadratkilometer	kilometre kare
Liter	litre
Gramm	gram
Pfund	yarım kilo
Kilogramm	kilo

Zeitangaben

Uhrzeit

Wie viel Uhr ist es?
Saat kaç?

Es ist (genau/ungefähr) ...
Saat (tam/aşağı yukarı) ...

3 Uhr.
üç.

5 nach 3.
üçü beş geçiyor.

3 Uhr 10.
üçü on geçiyor.

Viertel nach 3.
üçü çeyrek geçiyor.

halb 4.
üç buçuk.

Viertel vor 4.
dörde çeyrek var.

5 vor 4.
dörde beş var.

12 Uhr Mittag.
öğlen on iki.

Mitternacht.
gece on iki (gece yarısı).

Um wie viel Uhr?/Wann?
Saat kaçta?/Ne zaman?

Um 1 Uhr.
Saat birde.

Um 2 Uhr.
Saat ikide.

Gegen 4 Uhr.
Saat dörde doğru.

In einer Stunde.
Bir saat sonra/içinde.

In zwei Stunden.
İki saat sonra/içinde.

Nicht vor 9 Uhr morgens.
Sabah dokuzdan önce değil.

Nach 8 Uhr abends.
Akşam sekizden sonra.

Zwischen 3 und 4.
Üçle dört arası.

Wie lange?
Ne kadar zaman?/Ne kadar süre?

Zwei Stunden (lang).
İki saat (süreyle).

Von 10 bis 11.
Ondan on bire kadar.

Bis 5 Uhr.
Saat beşe kadar.

Seit wann?
Ne zamandan beri?

Seit 8 Uhr morgens.
Sabah sekizden beri.

Seit einer halben Stunde.
Yarım saatten beri.

Seit acht Tagen.
Sekiz günden beri.

abends
akşamleyin, akşamları

am Sonntag
pazar günü

am Wochenende
hafta sonunda

bald
birazdan, yakında

diese Woche
bu hafta

gegen Mittag
öğleye doğru

gestern
dün

heute
bugün

heute Morgen/Abend
bu sabah/akşam

in 14 Tagen
on dört gün sonra

innerhalb einer Woche
bir hafta içinde

jeden Tag
her gün

jetzt
şimdi

kürzlich
az önce, geçende

letzten Montag
geçen pazartesi

manchmal
bazen

mittags
öğleyin, öğlenleri

morgen
yarın

morgen früh/Abend
yarın sabah/akşam

morgens
sabahları, sabahleyin

nachmittags
öğleden sonraları

nächstes Jahr
gelecek yıl

nachts
geceleri, geceleyin

stündlich
saatte bir

täglich
günlük/hergün

tagsüber
gündüzleri, gündüzleyin

übermorgen
öbür gün

um diese Zeit
bu saatlerde

von Zeit zu Zeit
ara sıra, zaman zaman

vor zehn Minuten
on dakika önce

vorgestern
önceki gün

vormittags
öğleden önceleri

Wochentage

Montag	pazartesi
Dienstag	salı
Mittwoch	çarşamba
Donnerstag	perşembe
Freitag	cuma
Samstag	cumartesi
Sonntag	pazar

Monate

Januar	ocak
Februar	şubat
März	mart
April	nisan
Mai	mayıs
Juni	haziran
Juli	temmuz
August	ağustos
September	eylül
Oktober	ekim
November	kasım
Dezember	aralık

Jahreszeiten

Frühling	ilkbahar
Sommer	yaz
Herbst	sonbahar
Winter	kış

Feiertage

Neujahr	yılbaşı
Ostern	Paskalya
Tag des Parlaments und des Kindes (23. April)	(23 nisan) Ulusal Egemenlik ve Çocuk Bayramı
1. Mai	1 Mayıs
Tag der Jugend und des Sports (19. Mai)	(19 mayıs) Gençlik ve Spor Bayramı
Pfingsten	Pantkot yortusu
Tag des Befreiungssieges (30. August)	(30 ağustos) Zafer Bayramı
Tag der Republik (29. Oktober)	(29 ekim) Cumhuriyet Bayramı
Heiliger Abend	Noel gecesi
Weihnachten	Noel bayramı, milâdı isa yortusu
1. Weihnachtsfeiertag	birinci Noel günü
2. Weihnachtsfeiertag	ikinci Noel günü
Silvesterabend	yılbaşı gecesi
Ramadanfest	Ramazan Bayramı
Opferfest	Kurban Bayramı

Datum

Den Wievielten haben wir heute?
Bugün ayın kaçı?

Heute ist der 1. Mai.
Bugün 1 mayıs.

Wetter

Was für ein herrliches/schreckliches Wetter!
Hava ne kadar güzel/kötü!

Es ist kalt/heiß/schwül.
Hava soğuk/pek sıcak/bunaltıcı.

Es ist neblig/windig.
Hava sisli/rüzgarlı.

Es bleibt schön/schlecht.
Hava güzel/kötü kalacak.

Es wird wärmer/kälter.
Hava daha ısınacak/soğuyacak.

Es wird regnen/schneien.
Yağmur/Kar yağacak.

Wie viel Grad haben wir heute?
Bugün hava kaç derece?

Es ist 20 Grad.
Isı 20 derece.

Wie ist der Straßenzustand im Taurus?
Toroslarda yolların durumu nasıl?

Die Straßen sind glatt.
Yollar buz tutmuş.

Die Sicht beträgt nur 20 m/weniger als 50 m.
Görüş uzaklığı 20 m/50 metreden az.

Schneeketten sind erforderlich.
Kar zincirleri takmak gerekli.

bewölkt	bulutlu
Blitz	yıldırım, şimşek
Bö	şiddetli rüzgar
Donner	gök gürültüsü
Ebbe	suların çekilmesi, cezir
Eis	buz
Flaute	durgunluk
Flut	suların kabarması, med
Frost	don
Glatteis	buz tutmuş
heiß	sıcak
Hitze	şiddetli sıcak
Hitzewelle	sıcak dalgası
kalt	soğuk
Luft	hava
nass	ıslak
Nebel	sis
Regen	yağmur
Regenschauer	sağanak
regnerisch	yağmurlu
Schnee	kar
schwül	nemli sıcak
Sonne	güneş
sonnig	güneşli
Temperatur	ısı
warm	sıcak
wechselhaft	değişken
Wetterbericht	hava raporu
Wettervorhersage	hava tahmini
Wind	rüzgâr
Windstärke	rüzgâr hızı
Wolke	bulut

Reiseplanung

Hotelbuchung per E-Mail

Sehr geehrte Damen und Herren,
vom 24. bis 26. Juni hätte ich gern für zwei Nächte ein Einzel-/ Doppel-/Zweibettzimmer.
Bitte teilen Sie mir mit, ob Sie ein Zimmer frei haben und was es pro Nacht, einschließlich Frühstück, kostet.
Mit freundlichen Grüßen

Sayın Beyefendi/Hanımefendi;
24 Haziran'dan 26 Haziran'a kadar iki gece için tek kişilik/çift kişilik/iki yataklı bir oda için rezervasyon yaptırmak istiyorum.
Boş bir odanız varsa bana kahvaltı dahil gecelik fiyatını bildirir misiniz?
Selamlarımla

Dear Sir or Madam,
I would like to book a single/double/twin-bedded room for 2 nights on the 24th and 25th June. Please let me know if you have any vacancies and the total cost per night plus breakfast.
Yours faithfully,

Mietwagen per E-Mail

Sehr geehrte Damen und Herren,
für die Zeit vom 20. bis 25. Juli möchte ich gern ab Flughafen Istanbul einen Kleinwagen/einen Mittelklassewagen/eine Luxuslimousine/einen Kleinbus mieten. Mein Rückflug geht ab Flughafen Izmir und deshalb möchte ich das Auto dort zurückgeben. Bitte teilen Sie mir Ihre Tarife mit und welche Unterlagen ich benötige.
Mit freundlichen Grüßen

Sayın Beyefendi/Hanımefendi;
20 Haziran'da İstanbul Atatürk Havaalanı'nda beş günlüğüne bir küçük araba/orta boy araba/lüks araba/minibüs kiralamak istiyorum. 25 Haziran'da İzmir Adnan Menderes Havaalanı'ndan yurduma döneceğim. Ondan ötürü arabayı orada geri vermek istiyorum. Bana fiyatlarınızı ve hangi belgeleri getirmem gerektiğini bildirir misiniz?
Selamlarımla

Dear Sir/Madam,
I would like to hire a small/mid-range/luxury saloon car/minibus from July 20–25 from ... Airport. I depart from ... so wish to leave the car there. Please inform me of your rates and what documents I shall require.
Yours faithfully,

Allgemeine Fragen

Ich habe vor, meinen Urlaub in ... zu verbringen. Können Sie mir bitte Informationen über Unterkünfte in der Gegend geben?
...-de/-da tatil yapmak niyetindeyim. Bana konaklama imkanları hakkında bilgiler verebilir misiniz?

An welche Art von Unterkunft haben Sie gedacht?
Hangi konaklama şeklini düşünüyorsunuz?

ein Hotel
bir otel

eine Pension
bir pansiyon

ein Fremdenzimmer
bir kiralık oda

eine Ferienwohnung
bir tatil evi

Fragen zur Unterkunft

Hotel – Pension – Privatzimmer

Ich suche ein Hotel, jedoch nicht zu teuer – etwas in der mittleren Preislage.
Bir otel arıyorum, ama çok pahalı olmasın, orta halli olsun.

Ich suche ein Hotel mit Swimmingpool/Golfplatz/Tennisplätzen.
Yüzme havuzlu/Golf sahalı/Tenis kortlu bir otel arıyorum.

Können Sie mir ein schönes Fremdenzimmer empfehlen?
Bana kiralık bir oda tavsiye edebilir misiniz?

Für wie viele Leute soll es sein?
Kaç kişilik olsun?

Ist es möglich, ein weiteres Bett im Zimmer aufzustellen?
Odaya bir yatak daha ilave edilebilir mi?

Wie viel kostet das pro Woche?
Haftalığı kaç para?

Ferienhäuser/Ferienwohnungen

Ich suche eine Ferienwohnung.
Bir tatil evi arıyorum.

Gibt es ...?
... var mı?

ein Kinderbett
Çocuk yatağı

einen Hochstuhl
Yüksek çocuk sandalyesi

einen Fernseher
Televisyon

ein Telefon
Telefon

eine Waschmaschine
Çamaşır makinesi

eine Spülmaschine
Bulaşık makinesi

eine Mikrowelle
Mikrodalga fırını

Sind die Stromkosten im Preis eingeschlossen?
Elektrik parası fiyatın içinde mi?

Werden Bettwäsche und Handtücher gestellt?
Yatak takımı ve havlular var mı?

Wie viel muss ich anzahlen und wann ist die Anzahlung fällig?
Ne kadar avans alıyorsunuz? Ne zaman ödemeliyim?

Wo und wann kann ich die Schlüssel abholen?
Nereden ve ne zaman anahtarı alabilirim?

Camping

Gibt es hier auch einen Campingplatz?
Buralarda bir kamping alanı da var mı?

Im Gespräch

Die Türken sind für ihre Gastfreundschaft berühmt, und sie spielt auch im Selbstbild der Türken eine große Rolle. Für einen Türken ist es eine Frage des Anstandes und der Selbstachtung, sich als gastfreundlich zu erweisen. Gerade wenn man sich als Fremder abseits der touristischen Gebiete bewegt, wird man diese Gastfreundschaft erleben können. So kann es passieren, dass Sie von wildfremden Menschen, die Sie nur nach dem Weg fragen, zum Tee, zu einem Stadtbummel oder zum Essen eingeladen werden. Und in ländlichen Gebieten kann es auch vorkommen, dass man von Leuten, die man kennenlernt, zu sich nach Hause zum Essen eingeladen wird.

Wird man privat eingeladen, so sollte man auf jeden Fall die Schuhe ausziehen, bevor man das Haus oder die Wohnung des Gastgebers betritt. Weiterhin gilt es als unhöflich, wenn Männer zuerst den Frauen ihre Hand zum Gruß reichen. Alten Menschen reicht man als Zeichen des Respekts zuerst die Hand und führt sie dann an die eigene Stirn. Als Gastgeschenk eignen sich hervorragend in Geschenkpapier verpackte Süßigkeiten.

Begrüßung und Verabschiedung

Guten Morgen!
Günaydın!

Guten Tag!
İyi günler!/Merhaba!

Guten Abend!
İyi akşamlar!

Hallo!/Grüß dich!
Merhaba!/Selâm!

Wie ist Ihr Name, bitte?
İsminiz nedir?/Adınız nedir?

Wie heißt du?
Adın ne?

Ich heiße ...
İsmim ...

Wie geht es Ihnen?
Nasılsınız?

Wie geht's?
Nasılsın?/Ne var ne yok?

Danke. Und Ihnen/dir?
Teşekkür ederim. Siz nasılsınız?/Sen nasılsın?

Auf Wiedersehen!
Allaha ısmarladık!

Bis bald!
Yakında görüşmek üzere!

Bis später!
Görüşmek üzere!

Bis morgen!
Yarın görüşmek üzere!

Gute Nacht!
İyi geceler!
Eyvallah!/Hoşça kal!

Gute Reise!
İyi yolculuklar!

Höflichkeit

Bitte und Dank

Bitte.
Lütfen.

Ja, bitte.
Evet, lütfen.

Nein, danke!
Hayır, teşekkür ederim.

Gestatten Sie?
Müsaade eder misiniz?/İzninizle?

Können Sie mir bitte helfen?
Lütfen bana yardım eder misiniz?

Danke!
Teşekkür ederim./Sağ olun.

Danke, sehr gern!
Teşekkür ederim, memnuniyetle.

Das ist nett, danke.
Çok nazik, teşekkür ederim.

Bitte sehr./Gern geschehen.
Rica ederim./Estağfurullah.

Entschuldigung

Entschuldigung!
Affedersiniz!/Özür dilerim.

Es war nicht so gemeint.
Öyle demek istemedim.

Das ist leider nicht möglich.
Bu maalesef mümkün değil.

Herkunft und Aufenthalt

Woher kommen Sie/kommst du?
Nereden geliyorsunuz/geliyorsun?

Ich bin aus Hamburg.
Ben Hamburg'dan geliyorum.

Wo ist das genau?
Tam olarak nerede?

Es ist in Nord-/Ost-/Mittel-/Südwest-...
Kuzey'de/Doğu'da/Orta/Güney batı'da

Das sind ungefähr ... Kilometer von ...
...'den/...'dan aşağı yukarı ... kilometre.

Es hat ungefähr ... Einwohner.
Nüfusu ...

Sind Sie/Bist du schon lange hier?
Uzun zamandan beri mi buradasınız/buradasın?

Ich bin seit ... hier.
Ben ... 'dan/'den beri buradayım.

Wie lange bleiben Sie/bleibst du?
Ne kadar kalacaksınız/kalacaksın?

Sind Sie/Bist du zum ersten Mal hier?
Ilk defa mı buradasın/buradasınız?

Wie finden Sie es?
Nasıl buluyorsunuz?

Verständigungsschwierigkeiten

Wie bitte?
Efendim?/Nasıl?

Ich verstehe Sie nicht. Bitte, wiederholen Sie es.
Sizi anlamıyorum. Lütfen tekrarlayın.

Bitte sprechen Sie etwas langsamer.
Lütfen biraz yavaş konuşun.

Ich verstehe.
Anlıyorum.

Sprechen Sie/Sprichst du ...
... konuşuyor musunuz/musun?

Deutsch?
Almanca

Englisch?
İngilizce

Französisch?
Fransızca

Ich spreche nur wenig ...
Biraz ... konuşuyorum.

Schreiben Sie es mir bitte auf!
Lütfen yazın.

Unterwegs

Mit dem Auto können Sie in der Türkei alle Sehenswürdigkeiten anfahren. Lassen Sie sich nicht vom Verkehrschaos abschrecken. Vieles sieht schlimmer aus, als es ist, aber Sie sollten auf jeden Fall langsam und defensiv fahren. Wenn Sie sich mal verfahren haben, zögern Sie nicht Passanten zu fragen. Man wird Ihnen hilfsbereit den Weg zeigen, vielleicht sogar mit- oder vor Ihnen herfahren.

Fragen nach dem Weg

Ortsangaben

links	sol
rechts	sağ
geradeaus	doğru
vor	ön
hinter	arka
neben	yanında
gegenüber	karşısında
hier	burada
dort	orada
nah	yakın
weit	uzak
nach	... 'a/'e
Ampel	asma lamba
Straße	cadde
Kreuzung	dört yol ağzı
Kurve	dönemeç/viraj

Wegbeschreibung

Entschuldigung, wie komme ich bitte nach ...?
Affedersiniz, ...'e/'a nasıl gideceğim?

Immer geradeaus bis ...
...'a/'e kadar düz gidiniz.

Dann bei der Ampel links/rechts abbiegen.
Lambadan sola/sağa sapın.

Folgen Sie den Schildern.
Levhaları takip edin.

Wie weit ist das?
Ne kadar uzaklıkta?

Ungefähr zwei Kilometer.
Aşağı yukarı iki kilometre.

Es ist ganz in der Nähe.
Çok yakında.

Bitte, ist das die Straße nach ...?
Affedersiniz, ...'e/'a giden yol bu mu?

Nein, Sie müssen zurückfahren bis ...
Hayır, ...'e/'a kadar geri gitmeniz gerekiyor.

Bitte, wo ist ...?
Affedersiniz, ... nerede?

Tut mir leid, das weiß ich nicht.
Bilmiyorum, maalesef.

Welches ist der kürzeste Weg nach/zu ...?
... 'e/'a en kestirme (kısa) yol hangisi?

Gehen Sie geradeaus/nach links/nach rechts.
Doğru/Sola/Sağa gidiniz.

Erste/Zweite Straße links/rechts.
Birinci/İkinci caddeden sola/sağa.

Überqueren Sie ...
... karşıya geçin.

die Brücke.
Köprüden

den Platz.
Meydandan

die Straße.
Caddeden

Dann fragen Sie noch einmal.
Sonra bir kere daha sorunuz.

Sie können es nicht verfehlen.
Görmemeniz mümkün değil.

Sie nehmen am besten den Bus Nr. ...
En iyisi ... numaralı otobüse binin.

An der Grenze

Passkontrolle

Ihren Pass, bitte!
Pasaportunuz, lütfen!

Haben Sie ein Visum?
Vizeniz var mı?

Kann ich das Visum hier bekommen?
Vizeyi buradan alabilir miyim?

Zollkontrolle

Haben Sie etwas zu verzollen?
Gümrüklü eşyanız var mı?

Fahren Sie bitte rechts/links heran.
Arabayı sağa/sola çekin, lütfen.

Öffnen Sie bitte den Kofferraum/diesen Koffer.
Bagajı/Bu bavulu açın, lütfen.

Muss ich das verzollen?
Buna gümrük ödemem lazım mı?

Personalien

Familienname	soyadı
Familienstand	medeni hal
ledig	bekâr
verheiratet	evli
verwitwet	dul
Geburtsdatum	doğum tarihi

Geburtsname	kızlık soyadı
Geburtsort	doğum yeri
Staatsangehörigkeit	yurttaşlık, milliyet
Vorname	isim, ad
Wohnort	ikâmetgâh

Grenze

amtstierärztliches Gesundheitszeugnis	veteriner sağlık raporu
Ausfuhr	ihracat
Ausreise	çıkış
Einreise	giriş
EU-Bürger	Avrupa Birliği üyesi
Führerschein	ehliyet
Grenzübergang	sınır kapısı
grüne Versicherungskarte	yeşil sigorta kartı
gültig	geçerli, yürürlükte
internationaler Impfpass	beynelmilel aşı belgesi
Nationalitätskennzeichen	ulusal plâka işareti
Nummernschild	plâka
Passkontrolle	Pasaport Kontrolü
Personalausweis	hüviyet, kimlik
Reisepass	pasaport
Tollwut	kuduz
Tollwutimpfbescheinigung	kuduz aşısı kağıdı
Visum	vize
Zoll	gümrük
zollfrei	gümrüksüz
Zollgebühren	gümrük rüsumu/vergisi
zollpflichtig	gümrüğe tabi

Auto und Motorrad

Reisewege, Vorschriften ...

Autobahn	otoyol
Autobahngebühren	otoyol ücreti
Bußgeld	para cezası
Hauptstraße	ana yol
Landstraße	şose
Nebenstraße	yan yol
Nummernschild	plâka
Promillegrenze	kandaki alkol oran sınırı
Radarkontrolle	radar kontrolü
Rastplatz	dinlenme yeri
Raststätte	dinlenme tesisi
Schnellstraße	oto yol, hızlı yol
Stau	yığılma, birikme
Straßenbenutzungsgebühr	yol ücreti
trampen	otostop yapmak
Tramper	otostopçu
Wegweiser	yol işareti

An der Tankstelle

Es ist üblich, an Tankstellen im Auto sitzen zu bleiben und den Schlüssel dem Tankwart zu geben, damit er Ihnen den Tank füllt.

Wo ist bitte die nächste Tankstelle?
En yakın benzinci nerede acaba?

Ich möchte ... Liter
... litre istiyorum

Normalbenzin.
normal benzin.

Super.
süper.

Diesel.
motorin/mazot.

bleifrei/mit ... Oktan.
kurşunsuz/... oktanlı.

Super bitte, für ... Lira.
... Liralık süper, lütfen.

Volltanken, bitte.
Doldurun/Ful, lütfen.

Prüfen Sie bitte den Ölstand.
Lütfen yağını kontrol eder misiniz?

Ich möchte eine Straßenkarte dieser Gegend, bitte.
Bu yörenin bir yol haritasını istiyorum, lütfen.

Hinweise und Informationen

Araba tamirhanesi	**Autowerkstatt**
Askeri bölge	**Militärgebiet**
Benzin istasyonu	**Tankstelle**
Bozuk yol	**Schlechte Straße**
Çığ tehlikesi	**Lawinengefahr**
Çıkış	**Ausfahrt**
Dikkat	**Achtung**
Durmak yasak	**Halten verboten**
Garaj	**Parkhaus, Busbahnhof**
Girmek yasak	**Einfahrt verboten**
Hastahane	**Krankenhaus**
Mecburi istikamet	**Umleitung**
Otoyol	**Autobahn**
Ölüm tehlikesi!	**Lebensgefahr!**
Özel park yeri	**Privatparkplatz**
Park yeri	**Parkplatz**
Park yapılmaz	**Parken verboten**
Sağdan gidiniz	**Rechts fahren**
Su içilmez	**Kein Trinkwasser**
Tamirat	**Baustelle**
Tehlikeli yol	**Gefährliche Straße**
Tek istikamet	**Einbahnstraße**
Yasak bölge	**Sperrgebiet**
Yavaş gidiniz!	**Langsam fahren!**
Yüksek gerilim	**Hochspannung**
Yokuş	**Starkes Gefälle**
Yol yapımı	**Straßenbau**

Parken

Gibt es hier in der Nähe eine Parkmöglichkeit?
Yakında bir park yeri var mı?

Kann ich den Wagen hier abstellen?
Arabayı buraya bırakabilir miyim?

Ist der Parkplatz bewacht?
Park yeri bekçili mi?

Wie hoch ist die Parkgebühr pro Stunde?
Park yerinin bir saatlik fiyatı ne kadar?

Ist das Parkhaus die ganze Nacht geöffnet?
Parkevi/Garaj bütün gece açık mı?

Eine Panne

Ich habe eine Panne.
Bir arıza var.

Ich habe einen Platten.
Lastik patladı.

Wo ist hier in der Nähe eine Werkstatt?
Yakında nerede bir tamirhane var?

Würden Sie bitte den Pannendienst anrufen?
Lütfen, arıza/tamir servisini çağırır mısınız?

Würden Sie mir bitte einen Mechaniker/einen Abschleppwagen schicken?
Lütfen, bana bir tamirci/bir çekme arabası gönderir misiniz?

Könnten Sie mir mit Benzin aushelfen?
Bana biraz benzin verebilir misiniz?

Könnten Sie mir beim Reifenwechsel helfen?
Tekerlek değiştirmek için bana yardım eder misiniz?

Würden Sie mich bis zur nächsten Werkstatt mitnehmen?
Beni en yakın tamirhaneye kadar götürebilir misiniz?

Abschleppdienst	araba çekim servisi
abschleppen	çekmek
Abschleppseil	araba çekme halatı
Abschleppwagen	çekme arabası
Benzinkanister	benzin bidonu
Ersatzrad	yedek lastik
Notrufsäule	imdat telefonu
Panne	arıza
Pannendienst	arıza hizmeti
Starthilfekabel	yardım kablosu
Wagenheber	kriko
Warnblinker	çift sinyal
Warndreieck	dikkat üçgeni
Werkzeug	alet, gereç

In der Werkstatt

Mein Wagen springt nicht an.
Motor hareket etmiyor./Arabam çalışmıyor.

Mit dem Motor stimmt was nicht.
Motorda bir bozukluk var.

... ist/sind defekt.
... bozuk.

Der Wagen verliert Öl.
Motor yağ kaçırıyor./Motordan yağ damlıyor.

Können Sie mal nachsehen?
Bir kontrol eder misiniz?/Bir bakar mısınız?

Wechseln Sie bitte die Zündkerzen aus.
Bujileri değiştirin lütfen.

Machen Sie bitte nur die nötigsten Reparaturen.
Yalnız en gerekli tamirleri yapınız lütfen.

Wann ist der Wagen/das Motorrad fertig?
Araba/Motor ne zamana biter?

Was wird es kosten?
Masrafı ne tutar?

Abblendlicht	kısa far
Alarmanlage	alarm sistemi
Anlasser	marş
Auspuff	egzos
Automatik(getriebe)	otomatik (vites)
Benzinpumpe	benzin pompası
Blinker	sinyal lambası
Bremse	fren
Bremsflüssigkeit	fren sıvısı
Bremslichter	fren lâmbaları
Defekt	arıza, bozukluk
Einspritzpumpe	benzin püskürtme pompası
Fernlicht	uzun farı
Frostschutzmittel	antifriz
Gang	vites
erster Gang	birinci vites
Leerlauf	boş vites
Rückwärtsgang	geri vites
Gaspedal	gaz pedalı
Getriebe	şanzıman

Handbremse	el freni
Heizung	kalorifer, ısıtma
Hupe	korna
Kabel	kablo
Keilriemen	kayış, kolan
Kofferraum	bagaj
Kolben	piston
Kühler	radyatör
Kühlwasser	radyatör suyu
Kupplung	debriyaj
Kurzschluss	kontak, kısa devre
Lenkrad	direksiyon
Lichtmaschine	şarj dinamosu
Luftfilter	hava filitresi
Motor	motor
Motorhaube	motor kaputu
Öl	yağ
Ölwechsel	yağ değiştirme
Rad	tekerlek
Reifen	lastik
Rücklicht	stop lâmbası
Rückspiegel	dikiz aynası
Scheibenwischer	silgeç, silecekler
Scheinwerfer	far
Schraube	vida
Sicherheitsgurt	emniyet kemeri
Standlicht	park ışığı
Stoßstange	tampon
Tachometer	takometre, kilometre göstergesi
Tank	depo
Vergaser	karbüratör
Verteiler	distribütör

Werkstatt	atelye, tamirhane
Windschutzscheibe	öncam
Winterreifen	kış lastikleri
Zündkerze	buji
Zündung	ateşleme
Zylinder	silindir
Zylinderkopf	silindir kafası

Verkehrsunfall

Es ist ein Unfall passiert.
Bir kaza oldu.

Rufen Sie bitte schnell ...
Acele bir ... çağırın, lütfen.

einen Krankenwagen.
ambülans

die Polizei.
polis

die Feuerwehr.
itfaiye

Können Sie sich um die Verletzten kümmern?
Yaralılarla ilgilenebilir misiniz?

Haben Sie Verbandszeug?
Sargı malzemeniz var mı?

Sie haben ...
Siz ...

die Vorfahrt nicht beachtet.
yol hakkına dikkat etmediniz.

nicht geblinkt.
sinyal vermediniz.

Sie sind ...
Siz ...

zu schnell gefahren.
aşırı hızla gittiniz.

bei Rot über die Kreuzung gefahren.
kırmızıda kavşağı geçtiniz.

Geben Sie mir bitte Ihren Namen und Ihre Anschrift.
Lütfen bana isim ve adresinizi veriniz.

Vielen Dank für Ihre Hilfe.
Yardımınız için çok teşekkür ederim.

Auto-, Motorrad- und Fahrradvermietung

Ich möchte für zwei Tage/eine Woche ... mieten.
İki günlüğüne/Bir haftalığına ... kiralamak istiyorum.

einen (Gelände-)Wagen
bir araba (jip)

ein Motorrad
bir motosiklet

einen Motorroller
bir moped

ein Moped
bir moped

ein Mofa
bir moped

ein Fahrrad
bir bisiklet

Wie hoch ist die Tages-/Wochenpauschale?
Günlüğü/Haftalığı kaça?

Wie viel verlangen Sie pro gefahrenen Kilometer?
Kilometre başına ne kadar istiyorsunuz?

Ist das Fahrzeug vollkaskoversichert?
Araba tam sigortalı mı?

Führerschein	ehliyet
GPS	navigasyon
grüne Versicherungskarte	yeşil sigorta kartı
hinterlegen	bırakmak
Kaution	depozit
Mietwagen	kiralık araç
Nierengurt	bel kemeri
Papiere	kağıtlar, belgeler
Schiebedach	sürgülü (açılan) tavan
Sturzhelm	miğfer
Teilkasko	kısmi sigorta
Vollkasko	tam sigorta, kasko sigorta
Wochenendpauschale	hafta sonu fiyatı
Zündschlüssel	kontak anahtarı

Flugzeug

Einen Flug buchen

Wann fliegt die nächste Maschine nach ...?
... 'a/'e ilk uçak ne zaman?

Sind noch Plätze frei?
Daha boş yer var mı?

Ich möchte einen einfachen Flug nach ... buchen.
... 'a/'e yalnız gidiş bir uçak bileti istiyorum.

Ich möchte einen Hin- und Rückflug nach ... buchen.
... 'a/e gidiş dönüş bir uçak bileti istiyorum.

Was kostet der Flug Touristenklasse/1. Klasse?
Turist tarifesi/1. (birinci) sınıf kaça?

Ich möchte bitte ...
... istiyorum lütfen.

einen Fensterplatz.
Pencere kenarında bir yer ...

einen Platz am Gang.
Koridorda bir yer ...

Ich möchte diesen Flug stornieren.
Bu bileti iptal ettirmek istiyorum.

Ich möchte diesen Flug umbuchen.
Bu bileti değiştirmek istiyorum.

Ankunft

Mein Gepäck ist verloren gegangen.
Bagajım kayboldu.

Mein Koffer ist beschädigt worden.
Bavulum hasara uğradı.

Von wo fährt der Bus in Richtung ... ab?
...'e/'a otobüs nereden kalkıyor?

Abflug	uçuş
Anhänger *(am Koffer)*	(bavula konulan) adres etiketi
Ankunft	varış
Ankunftszeit	varış saati
Anschluss	irtibat
Auslandsflug	dış ülkeye uçuş
Besatzung	mürettebat
Bordkarte	uçağa giriş kartı
Buchung	rezervasyon
Check-in	giriş işlemleri
einchecken	işlem yapmak
Flug	uçuş
Fluggesellschaft	uçak şirketi
Flughafen	hava alanı/limanı
Flughafenbus	hava alanı otobüsü
Flughafengebühr	hava alanı ücreti
Flugsteig	çıkış kapısı
Flugzeug	uçak
Gepäck	bagaj
Gepäckabfertigung	bagaj verme işlemi
Gepäckausgabe	bagaj alma yeri
Gepäckwagen	bagaj arabası
Hubschrauber	helikopter

Inlandsflug	yurt içi uçuş
Kapitän	kaptan
Landung	iniş
Notausgang	imdat kapısı
Notlandung	mecburi iniş
Notrutsche	imdat kayağı
Passagier	yolcu
Pilot	pilot
planmäßiger Abflug	tarifeye uygun kalkış
Schwimmweste	cankurtaran yeleği
Sicherheitsgebühr	hava emniyeti ücreti
Sicherheitskontrolle	emniyet kontrolü
Steward/ess	kamarot, hostes
stornieren	iptal etmek
Terminal	terminal
umbuchen	bileti değiştirmek
Verspätung	gecikme, rötar
zollfreier Laden	gümrüksüz eşya mağazası
Zwischenlandung	ara iniş

Eisenbahn

Fahrkarten kaufen

Eine einfache Fahrt 2. Klasse/1. Klasse nach ..., bitte.
... 'e/'a 2. (ikinci) mevki/1. (birinci) mevki tek gidiş bileti, lütfen.

Zweimal ... hin und zurück, bitte.
... 'e/'a gidiş-dönüş iki bilet, lütfen.

Gibt es eine Ermäßigung für Kinder/Studenten/Senioren?
Çocuklar/Öğrenciler/Yaşlılar için indirim var mı?

Bitte eine Platzkarte für den Zug um ... Uhr nach ...
... 'e/'a giden saat ... treni için numaralı bir yer lütfen.

Ich möchte einen Liegewagen-/Schlafwagenplatz.
Kuşetli/Yataklı bir yer istiyorum.

Gibt es einen Autoreisezug nach ...?
... 'e/'a giden araba treni var mı?

Habe ich in ... Anschluss nach ...?
...'de/'da ...'e/'a aktarma yapabilir miyim ?

Wo muss ich umsteigen?
Nerede aktarma yapmam lazım?

Im Bahnhof

Ich möchte diesen Koffer als Reisegepäck aufgeben.
Bu bavulu bagaja vermek istiyorum.

Wo kann ich mein Fahrrad aufgeben?
Bisikletimi nerede bagaja verebilirim?

Von welchem Gleis fährt der Zug nach ... ab?
... 'a/'a giden tren hangi perondan kalkıyor?

Der Zug aus ... hat 10 Minuten Verspätung.
...'den/'dan gelen trenin on dakika rötarı var.

Im Zug

Verzeihung, ist dieser Platz noch frei?
Afedersiniz, bu yer boş mu?

Darf ich das Fenster öffnen/schließen?
Pencereyi açabilir miyim/kapatabilir miyim?

Entschuldigen Sie, das ist mein Platz. Ich habe eine Platzkarte.
Özür dilerim, burası benim yerim. Numaralı biletim var./Yer biletim var.

Wo sind wir jetzt?
Şimdi neredeyiz?

Hinweise und Informationen

Açık	**Geöffnet**
Açmayınız	**Nicht öffnen**
Bayanlar	**Damen**
Baylar	**Herren**
Boş	**Frei**
Çekiniz!	**Ziehen!**
Çıkış	**Ausgang**
Dikkat!	**Achtung! Vorsicht!**
Dolu	**Besetzt**
Düğmeye basınız!	**Knopf drücken!**
Erkekler	**Männer**
Giriş	**Eingang**
İçme suyu/Su içilir	**Trinkwasser**
İmdat kapısı	**Notausgang**
İtiniz!	**Drücken!**
Kadınlar	**Frauen**
Kapalı	**Geschlossen**
Pencereden sarkmayınız!	**Nicht hinauslehnen!**
Peron	**Bahnsteig**
Sigara içilmez	**Rauchen verboten**
Tehlike freni	**Notbremse**

Trene binerken dikkat ediniz!	**Vorsicht beim Einsteigen!**
Trenden inerken dikkat ediniz!	**Vorsicht beim Aussteigen!**
Yerlere tükürmeyiniz	**Nicht auf den Boden spucken!**

Abfahrt	hareket, kalkış
Abfahrtszeit	hareket saati
Abteil	kompartıman, bölme
ankommen	varmak
Aufenthalt	durma, bekleme
aussteigen	inmek
Autoreisezug	araba treni
Bahnhof	istasyon
einsteigen	binmek
Ermäßigung	indirim, tenzilat
Fahrkarte	bilet
Fahrkartenkontrolle	bilet kontrolü
Fahrkartenschalter	bilet gişesi
Fahrplan	hareket cetveli, hareket tarifesi
Fahrpreis	bilet ücreti
Fensterplatz	pencere kenarı
Gang	vites
Gepäck	bagaj
Gepäckaufbewahrung	bagaj deposu, emanet
Gepäckschalter	bagaj gişesi
Gleis	peron
Großraumwagen	açık vagon
Hauptbahnhof	merkez istasyonu, ana gar
Interrail	Interrail/Uluslar arası demir yolu
Kinderfahrkarte	çocuk bileti
Lokomotive	lokomotif
Nichtraucherabteil	sigara içilmeyen kompartıman

Platzkarte	numaralı yer bileti
Raucherabteil	sigara içilen kompartıman
Reservierung	rezerve etmek, ayırtmak
Rückfahrkarte	gidiş/dönüş bileti
Schließfach	kilitli dolap
Speisewagen	restoran vagon
Wagennummer	vagon numarası
Wartesaal	bekleme salonu
Zug	tren
Zuschlag	zam

Schiff

Es gibt nichts Schöneres, als Istanbul über das Meer zu entdecken und dabei auf dem Schiffsdeck einen Tee zu schlürfen. Romantiker werden von den nächtlichen Schiffsfahrten entlang der Küsten begeistert sein.

Auskunft

Wann fährt das nächste Schiff/die nächste Fähre nach ... ab?
... 'a/'e bundan sonraki gemi/bundan sonraki araba vapuru ne zaman kalkıyor?

Wie lange dauert die Überfahrt?
Karşıya geçiş ne kadar sürüyor?

Wann legen wir in ... an?
... limanına ne zaman yanaşacağız?

Wie lange haben wir Aufenthalt in ...?
... 'de/'da ne kadar kalacağız?

Ich möchte eine Schiffskarte nach ...
... 'e/'a bir vapur bileti istiyorum.

1. Klasse
Birinci mevki

Touristenklasse
Turist tarifesinden/turist mevkii

eine Einzelkabine
Tek kişilik kabine

eine Zweibettkabine
İki yataklı kabine

Ich möchte eine Karte für die Rundfahrt um ... Uhr.
Saat ... deki gezinti için bir bilet istiyorum.

anlegen in	'de/'da demir atmak
Anlegeplatz	yanaşma ve demir atma yeri
an Bord	gemide
Buchung	rezervasyon
Bug	burun (gemi)
Dampfer	vapur
Deck	güverte
Fähre	feribot
Autofähre	araba vapuru
Fahrkarte	bilet
Festland	kara
Hafen	liman
Heck	gemide kuyruk

Kabine	kabin
Kai	rıhtım
Kapitän	kaptan
Kreuzfahrt	kuruvaziyer, gemiyle toplu gezi
Küste	sahil
Landausflug	karada gezi, karaya çıkış
Landesteg	iskele tahtası
Luftkissenboot	deniz otobüsü
Reederei	vapur şirketi
Rettungsboot	cankurtaran sandalı, kurtarma sandalı
Rettungsring	cankurtaran simidi
Rundfahrt	tur
Schiff	gemi
Schwimmweste	cankurtaran yeleği
Seegang	dalgalı deniz
seekrank sein	deniz tutması
Sonnendeck	güneşlenme güvertesi
Überfahrt	gemiyle karşıya geçiş

Nahverkehrsmittel

Innerhalb der Städte besteht ein dichtes Busnetz. Taxis sind ebenfalls in großer Zahl vorhanden und sehr günstig. Für Städtereisen empfiehlt sich eine der bekannten Buslinien. Nutzen Sie für längere Strecken die Nachtbusse. Mit ihnen können Sie viel Zeit sparen.

Bitte, wo ist die nächste ...
Affedersiniz, en yakın ... nerede?

Bushaltestelle?
Otobüs durağı

Straßenbahnhaltestelle?
tramvay durağı

U-Bahnstation?
metro durağı

Welche Linie fährt nach ...?
... 'a/'e hangi numara gidiyor?

Wann fährt die erste/letzte U-Bahn nach ...?
... 'a/'e ilk/son metro ne zaman kalkıyor?

Ist dies der Bus nach ...?
... 'a/'e giden otobüs bu mu?

Wie viele Haltestellen sind es?
Kaç durak var?

Wo muss ich aussteigen/umsteigen?
Nerede inmem/aktarma yapmam lazım?

Geben Sie mir bitte Bescheid, wenn ich aussteigen muss.
Oraya gelince, söyler misiniz lütfen.

Bitte einen Fahrschein nach ...
... 'a/'e bir bilet lütfen.

Abfahrt	kalkış
Bus	otobüs
Busbahnhof	otobüs garajı
einsteigen	binmek
Endstation	son istasyon
entwerten	bileti basmak
Fahrplan	hareket cetveli, hareket tarifesi
Fahrpreis	bilet ücreti
Fahrschein	bilet
Haltestelle	durak (yeri)
Kontrolleur	kontrolcü, denetçi
Nahverkehrszug	yakın mesafe treni
Obus	troleybüs
Richtung	yön
S-Bahn®	metro
Schaffner	biletçi, kondüktör
Stadtbus	belediyi otobüsü
Straßenbahn	tramvay
Tageskarte	günlük bilet
U-Bahn	metro
Überlandbus	şehirler arası otobüs
Wochenkarte	haftalık kart
Zahnradbahn	dişli tramvay
Zeitkarte	süreli bilet

Taxi

Wo ist der nächste Taxistand?
En yakın taksi durağı nerede?

Zum Bahnhof.
İstasyona.

Zum ... Hotel.
... oteline.

In die ...-Straße.
... caddesine.

Nach ..., bitte.
... 'a/'e, lütfen.

Wie viel kostet es nach ...?
... 'a/'e gidiş kaça?

Halten Sie bitte hier.
Burada durun, lüften.

Das ist für Sie.
Bu size.

halten	durmak
Hausnummer	ev numarası
Kilometerpreis	kilometre ücreti
Pauschalpreis	götürü fiyat
Quittung	makbuz
Taxifahrer	taksi şöförü
Taxistand	taksi durağı
Trinkgeld	bahşiş

Übernachten

Hotel – Pension – Privatzimmer

An der Rezeption

Ich habe ein Zimmer reserviert. Mein Name ist ...
Ben bir oda ayırttım. Adım ....

Wir haben reserviert.
Ayırtık.

Haben Sie noch ... ein Zimmer frei?
... boş odanız var mı?

... für eine Nacht
Bir gecelik

... für zwei Tage
İki günlük

... für eine Woche
Bir haftalık

Haben Sie Familienzimmer?
Aile odalarınız var mı?

Nein, leider nicht.
Maalesef yok.

Ja, was für ein Zimmer wünschen Sie?
Peki, nasıl bir oda istiyorsunuz?

Ich hätte gern ...
... istiyorum.

ein Einzelzimmer
... tek kişilik bir oda

ein Doppelzimmer
... çift kişilik bir oda

ein ruhiges Zimmer
... sakin bir oda

mit Dusche
Duşlu

mit Bad
Banyolu

mit Balkon/Terrasse
Balkonlu/Teraslı

mit Blick aufs Meer
Denize bakan

zum Innenhof gelegen
Avlu tarafındaki

Kann ich das Zimmer ansehen?
Odayı görebilir miyim?

Kann ich bitte noch ein anderes sehen?
Başka bir oda görebilir miyim?

Dieses Zimmer nehme ich.
Bu odayı alıyorum.

Könnten Sie bitte noch ein drittes Bett/ein Kinderbett dazustellen?
Üçüncü bir yatak/Bir çocuk yatağı koyabilir misiniz?

Was kostet das Zimmer mit ..., bitte?
Bu oda ... kaç para?

Frühstück?
kahvaltı dahil

Halbpension?
yarım pansiyonda

Vollpension?
tam pansiyonda

Wollen Sie bitte den Anmeldeschein ausfüllen?
Kayıt formülünü doldurur musunuz lütfen?

Darf ich Ihren Reisepass/Personalausweis sehen?
Pasaportunuzu/Hüviyetinizi görebilir miyim?

Könnten Sie bitte mein Gepäck auf das Zimmer bringen lassen?
Bavulları odama göndertir misiniz lütfen?

Wo kann ich den Wagen abstellen?
Arabayı nereye koyabilirim?

In unserer Garage.
Garajımıza.

Auf unserem Parkplatz.
Park yerimize.

Fragen und Bitten

Ab wann gibt es Frühstück?
Kahvaltı saat kaçta başlıyor?

Wann sind die Essenszeiten?
Yemek zamanları nasıl?

Wo ist der Speisesaal?
Yemek salonu nerede?

Wo ist der Frühstücksraum?
Kahvaltı salonu nerede?

Könnten Sie mich bitte morgen früh um 7 Uhr wecken?
Beni yarın sabah saat yedide uyandırır mısınız lütfen?

Würden Sie mir bitte ... bringen?
Bana ... getirir misiniz lütfen?

ein Badetuch
bir banyo havlusu

noch eine Decke
bir tane daha yorgan

Wie funktioniert ...?
... nasıl işliyor?

Zimmernummer 24, bitte!
Numara 24 lütfen.

Ist Post für mich da?
Bana posta var mı?

Wo kann ich ...
Nerede ...-ebilirim/-abilirim.

Wo kann ich hier etwas trinken?
Nerede bir şey içebilirim.

Wo kann ich ein Auto mieten?
Nereden bir araba kiralayabilirim?

Wo kann ich hier telefonieren?
Nereden telefon edebilirim?

Wo kann ich ins Internet gehen?
Nerede internete girebilirim?

Kann ich meine Wertsachen bei Ihnen in den Safe geben?
Kıymetli eşyalarımı kasanıza koyabilir miyim.

Kann ich mein Gepäck hier lassen?
Bagajımı burada bırakabilir miyim?

Abreise

Ich reise heute Abend/morgen um ... Uhr ab.
Bu akşam/Yarın saat ...-de/-da yola çıkıyorum.

Bis wann müssen wir das Zimmer räumen?
Saat kaça kadar odayı boşaltmamız lazım?

Könnten Sie bitte die Rechnung fertig machen?
Lütfen hesabı çıkarır mısınız?

Nehmen Sie Kreditkarten?
Kredi kartı alıyor musunuz?

Könnten sie mir bitte ein Taxi rufen?
Lütfen bana bir taksi çağırır mısınız?

Vielen Dank für alles! Auf Wiedersehen!
Her şey için teşekkürler ederim. Allaha ısmarladık.

anzahlen	**ön ödeme yapmak**
Anzahlung	**ön ödeme, kapora**
erlauben; Haustiere (nicht) erlaubt	**müsade etmek; ev hayvanları yasak**
Ferienwohnung	**tatil evi**
Gästezimmer	**pansiyon odası**
Hotel	**otel**
inklusive	**dahil**
Kosten	**masraflar**
Nebenkosten	**yan masraflar**
Unkosten	**masraflar**

Camping

Könnten Sie mir bitte sagen, ob es in der Nähe einen Campingplatz gibt?
Bana söyleyebilir misiniz, yakında bir kamping alanı var mı?

Haben Sie noch Platz für einen Wohnwagen/ein Zelt?
Karavan/Çadır için bir yeriniz daha var mı?

Wie hoch ist die Gebühr pro Tag und Person?
Günlüğü kişi başına ne kadar?

Wie hoch ist die Gebühr für ...
... ücreti ne kadar?

das Auto?
Araba

den Wohnwagen?
Karavan

das Wohnmobil?
Motokaravan

das Zelt?
Çadır

Vermieten Sie stationäre Wohnwagen?
Kalıcı karavan kiralıyor musunuz?

Wir bleiben ... Tage/Wochen.
... gün/hafta kalacağız.

Wo sind ...
... nerede?

die Toiletten?
Tuvaletler

die Waschräume?
Yıkanma odaları

die Duschen?
Duşlar

Gibt es hier Stromanschluss?
Burada elektrik bağlantısı var mı?

Wo kann ich Gasflaschen umtauschen?
Nerede gaz tüpleri değiştirebilirim?

Ist der Campingplatz bei Nacht bewacht?
Kamping alanının gece bekçisi var mı?

Camping	kampçılık
Campingplatz	kamping alanı
Gasflasche	gaz tüpü
Gaskartusche	gaz kartuşu/tüpü
Gaskocher	gaz ocağı
Geschirrspülbecken	mutfak lavabosu
Hammer	çekiç
Hering	kazık
Kocher	ocak
Propangas	propan gazı
Steckdose	priz
Stecker	fiş
Strom	elektrik
Stromanschluss	elektrik bağlantısı
Trinkwasser	içme suyu
Voranmeldung	rezervasyon
Waschraum	banyo odası, lavabo
Wäschetrockner	çamaşır kurutma makinesi
Wasser	su
Wasserkanister	su bidonu
Wohnmobil	motokaravan
Wohnwagen	karavan
Zelt	çadır
zelten	kamp yapmak
Zeltschnur	çadır ipi
Zeltstange	çadır direği

Essen und Trinken

Wähle deinen Freund nach dem Geschmack seiner Speisen aus, empfiehlt ein türkisches Sprichwort. Es macht deutlich, welche Bedeutung die Türken dem Essen beimessen: Man isst nicht nur, um satt zu werden. Genauso wichtig ist das Beisammensein mit der Familie und Freunden. Das gemeinsame Speisen kann mehrere Stunden dauern.
Fast jede Stadt und Region hat ihre eigenen Spezialitäten. Vor allem Großstädte sind hervorragend geeignet, um alle Fein- und Besonderheiten der türkischen Küche zu probieren, die ihren Ursprung in den Sultanspalästen des Osmanischen Reiches hat. Besonders zu empfehlen sind Teigwaren und Fleisch- und Süßspeisen. Das wichtigste Gewürz ist nicht etwa der Knoblauch, sondern die rote Paprikaschote, die es in den Geschmacksrichtungen süß, mild und scharf gibt. Das typische und am meisten verwendete Gemüse, auch „Fleisch des armen Mannes" genannt, ist die Aubergine, die auf verschiedenste Arten zubereitet wird: gekocht, gefüllt, in Öl gebraten, in Essig eingelegt, sogar als Marmelade.

Essen gehen

Wo gibt es hier ...
Burada nerede ... var?

ein gutes Restaurant?
iyi bir lokanta

ein nicht zu teures Restaurant?
fazla pahalı olmayan bir lokanta

einen Schnellimbiss?
bir sandviççi

Wo kann man hier in der Nähe gut/preiswert essen?
Yakında nerede iyi/ucuz yemek yiyebiliriz?

Bezeichnung türkischer Gaststätten

Kahvehane, kıraathane sind Bezeichnungen für das echte türkische Kaffeehaus. Mit Ausnahme von wenigen Häusern in den Zentren der Großstädte wird das türkische Kaffeehaus traditionell von Männern besucht. Frauen ist der Besuch zwar nicht untersagt, er ist jedoch sehr unüblich.
Auch das **çayhane** oder **çayevi,** das Teehaus, und der **çay bahçesi,** der Teegarten, sind traditionelle Männerdomänen, wo sich die Männerwelt trifft, um Tee zu trinken, zu diskutieren, zu plaudern und Karten oder Tavla (Backgammon), zu spielen.
Damit aber auch Frauen einmal außer Haus einen Tee trinken können, gibt es extra den **Aile çay bahçesi,** den Familienteegarten. Das ist ein Teegarten oder Teehaus mit einem für Frauen und Familien reservierten Raum, zu dem Männer ohne weibliche Begleitung keinen Zutritt haben.
Der **muhallebici** ist eine Art Konditorei, wo man raffinierte türkische Mehl- und Milchsüßspeisen wie muhallebi, einen Reismehlpudding, oder tavukgöğsü, ein süßes Hühnerbrustdessert, essen kann.

Lokanta ist die übliche Bezeichnung für ein einfaches Speiselokal. Die Einrichtung ist schlicht und zweckmäßig, die Preise sind niedrig, das Essen ist eigentlich immer vorzüglich. Meist gibt es keine Speisekarte. Stattdessen stellt man am Tresen, wo die verschiedenen Gerichte in Metallbehältern warm gehalten werden, sein Menü selbst zusammen. Dazu braucht man nicht viel Türkisch zu können, es reicht meist, wenn man mit dem Finger auf das gewünschte Gericht deutet.
Restoran ist ein feineres Speiselokal als das einfache Lokanta, dafür sind die Preise auch höher; ob deshalb aber auch das Essen besser ist als im nächsten Lokanta, ist damit nicht unbedingt gesagt.
Balık lokantası ist ein Fischrestaurant.
Meyhane ist eine türkische Kneipe, wo man zum Anisschnaps (Rakı) oder zum türkischen Wein gut essen kann. In den normalen Lokantas gibt es, zumindest außerhalb der Touristengegenden, keine alkoholischen Getränke.

Im Restaurant

Reservieren Sie uns bitte für heute Abend einen Tisch für vier Personen.
Bu akşama dört kişilik bir masa ayırın lütfen.

Ist dieser Tisch/Platz noch frei?
Bu masa/yer boş mu?

Einen Tisch für zwei/drei Personen, bitte.
İki/Üç kişilik bir masa, lütfen.

Wo sind bitte die Toiletten?
Affedersiniz, tuvalet nerede?

Herr Ober/Bedienung,
Garson ...

die Speisekarte, bitte
yemek listesi, lütfen.

die Getränkekarte, bitte.
içecekler listesi, lütfen.

Was können Sie mir empfehlen?
Bana ne tavsiye edersiniz?

Haben Sie vegetarische Gerichte/Diätkost?
Etsiz/Pehriz yemeğiniz var mı?

Gibt es auch Kinderportionen?
Çocuklara yarım porsiyon veriyor musunuz?

Haben Sie schon gewählt?
Seçtiniz mi?

Ich nehme ...
Ben ... alacağım.

Als Vorspeise/Nachtisch/Hauptgericht nehme ich ...
Meze/Tatlı/Baş yemek olarak ... istiyorum.

Ich möchte keine Vorspeise, danke.
Meze (Ordövr) istemem, teşekkür ederim.

Wir haben leider kein/e ... (mehr).
Maalesef/Üzgünüm ... kalmadı.

Dieses Gericht servieren wir nur auf Bestellung.
Bu yemeği önceden ısmarlanırsa servis yapıyoruz.

Könnte ich statt ... ... haben?
... yerine ... alabilir miyim?

Ich bin ...
Ben ...

Diabetiker/Diabetikerin.
şeker hastasıyım.

Vegetarier/Vegetarierin.
vejetaryenim.

Veganer/Veganerin.
veganım.

Ich bin allergisch gegen ...
Benim ... karşı alerjim var.

Eier.
yumurtaya

Gluten.
glutene

Milchprodukte.
süt ürünlerine

Nüsse.
ceviz, badem, fıstık ve fındığa

Wie möchten Sie Ihr Steak haben?
Kızartmanızı (stek) nasıl istersiniz?

gut durch
tam pişmiş

halb durch
az pişmiş

englisch
çok az pişmiş

Was wollen Sie trinken?
Ne içmek istiyorsunuz?

Bitte ein Glas ...
Lütfen, bir bardak ...

Bitte eine (halbe) Flasche ...
(Yarım) Şişe ..., lütfen.

Mit Eis, bitte.
Buz ile, lütfen.

Guten Appetit!
Afiyet olsun!

Zum Wohl!
Sıhhatinize!

Haben Sie noch einen Wunsch?
Başka bir istediğiniz var mı?

Bitte bringen Sie uns ...
Lütfen, bize ... getiriniz.

Könnten wir noch etwas Brot/Wasser/Wein bekommen?
Biraz daha ekmek/su/şarap getirebilir misiniz?

Beanstandungen

Hier fehlt ein/e ...
Burada ... eksik.

Haben Sie mein/e ... vergessen?
Benim ... unuttunuz mu?

Das habe ich nicht bestellt.
Ben bunu ısmarlamadım.

Die Rechnung

Bezahlen, bitte.
Hesabı lütfen.

Bitte alles zusammen.
Hepsi beraber lütfen.

Getrennte Rechnungen, bitte.
Hesaplar ayrı ayrı, lütfen.

Ist die Bedienung inklusive?
Garson yüzdesi (bahşiş) içinde mi?

Die Rechnung scheint mir nicht zu stimmen.
Hesap doğru değil galiba.

Das habe ich nicht gehabt. Ich hatte ...
Bunu almadım. Ben ... almıştım.

Hat es geschmeckt?
Hoşunuza gitti mi?

Das Essen war ausgezeichnet.
Yemek çok güzeldi.

Das ist für Sie.
Bu size.

Es stimmt so.
Bu tamam.

Bar

Nach durchzechten Nächten, in denen man den Raki näher kennen gelernt hat, als einem lieb ist, geht man am besten in ein kleines Restaurant und schlürft eine Kuttelsuppe mit viel Essig und Knoblauch. Sie soll sehr hilfreich gegen den Kater sein.

Was möchten Sie trinken?
Ne içmek istiyorsunuz?

Ein Bier vom Fass, bitte.
Bir bira, fıçıdan lütfen.

Ein großes oder ein kleines Bier?
Büyük veya küçük bira mı?

Ich möchte einen Kaffee/Kaffee mit Milch, bitte.
Kahve/Sütlü kahve istiyorum, lütfen.

Das Gleiche noch einmal, bitte.
Aynısından bir tane daha, lütfen.

Was haben Sie zu essen?
Yiyecek olarak neyiniz var ?

Wir haben einen Vorspeisenteller und hausgemachte Pastete.
Meze tabağımız ve ev böreğimiz var.

In den letzten Jahren sind in den Großstädten zahlreiche „Bars“ eröffnet worden, die mit den Bars zu Hause nichts gemeinsam haben. Sie entsprechen eher Kneipen.

Abendessen	akşam yemeği
Allergie	alerji
alkoholfrei	alkolsüz
Aschenbecher	sigara tablası
Besteck	çatal bıçak
Bestellung	ısmarlama
Diabetiker	şeker hastası
Dressing	salata sosu
Essig	sirke
Fass, vom	fıçıdan
Fleck	leke
Frühstück	kahvaltı
Gabel	çatal
Gang	çeşit
Gedeck	servis
Gericht	yemek
Getränk	içecek
Gewürz	baharat
Glas	bardak
Gräte	kılçık
hart	sert
Hauptspeise	baş yemek
hausgemacht	ev yemeği
heiß	çok sıcak
hungrig sein	aç olmak, acıkmak
kalt	soğuk
Karaffe	sürahi
Kellner/in	garson
Ketchup	ketçap, salça
Kinderteller	çocuk tabağı
Knochen	kemik
Koch	aşçı

Korkenzieher	tirbuşon
lieblich *(Wein)*	tatlı
Löffel	kaşık
Mayonnaise	mayonez
Menü	menü
Messer	bıçak
Mittagessen	öğlen yemeği
Nachtisch	tatlı, meyve, deser
Ober *(Anrede)*	garson
Öl	yağ
Pfannengericht	tava yemeği
Pfeffer	biber
Pfefferstreuer	biberlik
Portion	porsiyon
Rost	ızgara
Salatbüfett	salata büfesi
Salz	tuz
Salzstreuer	tuzluk
Scheibe	dilim
Schonkost	diyet, pehriz yemeği
Schüssel	çanak
Senf	hardal
Serviette	peçete
Smoothie	smuzi
Soße	sos, salça
Speisekarte	yemek listesi
Spezialität	özel yemek, spesiyalite
Strohhalm	kamış
Suppe	çorba
Suppenteller	çorba tabağı
Süßstoff	diyet şekeri
Tagesgericht	günün yemeği

Tagesmenü	günün menüsü
Tasse	fincan
Teelöffel	çay kaşığı
Teller	tabak
Tischtuch	masa örtüsü
Trinkgeld	bahşiş
trocken *(Wein)*	sek (şarap)
Untertasse	fincan altı
vegan	vegan
vegetarisch	vejeteryan
Vorspeise	önyemek, ordövr
Wasser	su
Wasserglas	su bardağı
Weinglas	şarap bardağı, kadeh
würzen	baharat katmak
Zahnstocher	kürdan
Zucker	şeker

Zubereitung

durchgebraten	iyice kızartılmış
gebacken	fırında kızarmış
gebraten	yağda kızarmış
am Spieß	şişte
vom Grill	ızgarada
in der Pfanne	tavada
gedämpft	buğulama
gedünstet	hafif ateşte kendi suyunda pişmiş
gefüllt	doldurulmuş, dolma
gekocht	pişmiş
geräuchert	tütsülenmiş, füme
geröstet	kızartılmış, kavrulmuş
geschmort	kebap et
überbacken	graten
fett	yağlı
gar	pişmiş
mager	yağsız, zayıf
roh	çiğ
saftig	sulu
sauer	ekşi
scharf	acı
süß	tatlı
weich	yumuşak
zäh	sert, kart
zart	yumuşak

Yemek listesi — Speisekarte

Kahvaltı	Frühstück
Kahve	**Schwarzer Kaffee**
Sütlü kahve	**Kaffee mit Milch**
Kofeinsiz kahve	**koffeinfreier Kaffee**
Sütlü/limonlu çay	**Tee mit Milch/Zitrone**
Baharat çayı	**Kräutertee**
Çikolata	**Schokolade**
Meyva suyu	**Fruchtsaft**
Alakok yumurta	**weich gekochtes Ei**
Tavada yumurta	**Rühreier**
Sucuklu yumurta	**Eier mit Speck**
Ekmek/sandviç/tost	**Brot/Brötchen/Toast**
Kruvason	**Hörnchen**
Tereyağı	**Butter**
Peynir	**Käse**
Sucuk	**Wurst**
Jambon	**Schinken**
Bal	**Honig**
Reçel	**Marmelade**
Yoğurt	**Joghurt**
Meyva	**Obst**

Çorbalar	Suppen
İşkembe çorbası	**Pansensuppe**
Kremalı domates çorbası	**Tomatencremesuppe**
Kremalı kuşkonmaz çorbası	**Spargelcremesuppe**
Kremalı işkembe çorbası	**Kuttelsuppe**
Kremalı mantar çorbası	**Pilzcremesuppe**
Sebze çorbaları	**Gemüsesuppe**
Yayla çorbası	**Reissuppe**

Çerezler	Vorspeisen
Beyaz peynir	**Weißer Käse, Schafskäse**
Beyin tava ve salatası	**Gebackenes Hirn mit Salat**
Fasulye pilâki	**Bohnen in Öl**
Jambonlu kavun	**Melone mit Schinken**
Midye dolma	**Gefüllte Muscheln**
Pastırma	**Dörrfleisch**
Rus Salatası	**Russischer Salat**
Zeytinyağlı yapraksarması	**Gefüllte Weinblätter in Öl**

Soğuk etler	Kaltes Fleisch
Dil füme garnili	**Zunge garniert**
Jambon garnili	**Gekochter Schinken garniert**
Karışık soğuk et tabağı	**Gemischte Fleischplatte, kalt**
Kuzu veya dana rosto	**Lamm- oder Kalbsbraten**
Soğuk rozbif garnili	**Roastbeef garniert**
Tavuk söğüş garnili	**Kaltes Huhn garniert**

Yumurtalar	Eierspeisen
Alakok yumurta	**Weich gekochtes Ei**
Rafadan yumurta	**Spiegelei**
Sucuklu yumurta	**Ei mit Wurst**
Mantarlı omlet	**Pilzomelette**
Omlet patatesli	**Kartoffelomelette**
Tavuk ciğerli omlet	**Omelette mit Hühnerleber**

Pirinç ve hamur işleri	Reis und Teigwaren
Börek çeşitleri	**verschiedene Pasteten**
Mantı	**Türk. Ravioli in Joghurt**
Raviyoli	**Ravioli**
Spaghetti bolonez	**Spaghetti mit Hackfleischsoße**
Taş Kebap	**Topfkebap**
Tereyağlı pilav	**Butterreis**

Izgara etler ve rotiler	Gegrilltes und Gebratenes
Ciğer tava veya ızgara	**Leberschnitten gebraten oder gegrillt**
Döner kebap	**gegrilltes Fleisch am Drehspieß**
Etli sebzeler	**Gemüse mit Fleisch**
Karışık ızgara	**Gemischte Grillplatte**
Kuzu pirzola	**Lammkotelett**
Macar gulaş	**Ungarisches Gulasch**
Piliç ızgara	**Gegrilltes Hähnchen**
Şiş kebap	**Fleischspieß**

Balıklar	Fisch
Alabalık	**Forelle**
Çipura	**Goldbrasse**
Dil balığı	**Seezunge**
Gümüş balığı	**Ährenfisch**
Hamsi	**Sardelle**
Hamsigiller	**Heringe**
İskorpit	**Meersau**
İskorpit hanisi	**Wrackbarsch**
Kalkanbalığı	**Steinbutt**
Karagöz balığı	**Geißbrasse**
Kolyos balığı	**Mittelmeermakrele**
Kılıçbalığı	**Schwertfisch**
Kırlangıç balığı	**Roter Knurrhahn**
Levrek	**See-, Meerbarsch**
Lüfer	**Blaubarsch 20-30 cm lang; für andere Größen dieses Fisches werden die folgenden Bezeichnungen verwendet:**
Defne yaprağı	**(bis 10 cm)**
Çinakop	**(bis 15 cm)**
Sarıkanat	**(bis 20 cm)**
Kufana	**(mehr als 30 cm)**
Mezgit, Mezit	**Zwergdorsch**
Palamut	**Bonito; je nach Größe:**
Kestane, Çingene palamutu	**(30-35 cm lang)**
Altıparmak, Piçuta, Palamut vonozu	**(junger Bonito)**
Torik	**(zweijährig)**

Sivri	**(dreijährig)**
Papaz balığı	**Mönchsfisch**
Sardalya	**Sardine**
Trahunya	**Petermännchen**
Uskumru	**Makrele**
Uskumru turnası	**Makrelenhecht**
Zargana balığı	**Horn-, Nadelhecht**

Salatalar	Salate
Karışık salata	**Gemischter Salat**
Mevsim salatası	**Salat der Saison**
Pancar turşusu	**Rote-Bete-Salat**
Çeşitli turşular	**Mixed Pickles**

Tatlı ve Meyvalar	Obst und Süßspeisen
Dondurma	**Eis**
Karışık meyva	**Früchtekorb**
Karpuz	**Wassermelone**
Kavun	**Honigmelone**
Kompostolar	**Kompott**
Meyva salatası	**Obstsalat**
Muhtelif hamur tatlıları	**Mehlsüßspeisen**
Peşmelba	**Pfirsich Melba**

Içkiler — Getränkekarte

Bardakla satılan sert içkiler	Alkoholische Getränke
Rakı	**Anisschnaps**
Votka	**Wodka**
Kanyak	**Kognak**
Likör Çeşitleri	**Liköre**
Bira	**Bier**
Beyaz şarap	**Weißwein**
Kırmızı şarap	**Rotwein**

Meşrubat ve az alkollü içkiler	Alkoholfreie Getränke
Ayran	**Joghurtgetränk**
Domates suyu	**Tomatensaft**
Limonata	**Limonade**
Maden suyu/soda	**Mineralwasser**
Taze meyva suları	**Frische Fruchtsäfte**
Buzlu çay	**Eistee**
Çay fincanda	**Tasse Tee**
Sütlü çay servisi	**Kännchen Tee mit Milch**
Sütlü kahve	**Milchkaffee**
Türk kahvesi	**Türkischer Kaffee**

Besichtigungen und Ausflüge

Touristeninformation

Ich hätte gern einen Stadtplan von ...
...-(n)in bir şehir haritasını istiyorum.

Haben Sie einen Veranstaltungskalender für diese Woche?
Sizde bu haftanın program takvimi var mı?

Gibt es Stadtrundfahrten?
Şehir turları var mı?

Was kostet denn die Rundfahrt, bitte?
Tur kaça?

Sehenswürdigkeiten – Museen

Öffnungszeiten, Führungen, Eintrittskarten

Können Sie mir bitte sagen, welche Sehenswürdigkeiten es hier gibt?
Bana söyleyebilir misiniz, burada hangi görmeye değer yerler var?

Sie müssen unbedingt ... besichtigen/besuchen.
...-(y)i muhakkak görmelisiniz/gezmelisiniz.

Wann ist das Museum geöffnet?
Müze ne zaman açık?

Wann beginnt die nächste Führung?
Dolaştırma/Gezdirme ne zaman başlıyor?

Gibt es auch eine Führung in Deutsch?
Almanca rehber de var mı?

Darf man hier fotografieren?
Burada resim çekilir mi?

Zwei Eintrittskarten, bitte!
İki bilet, lütfen.

Zwei Erwachsene und ein Kind.
İki büyük, bir çocuk.

Gibt es Ermäßigungen für ...
... için indirim var mı?

... Kinder?
Çocuklar

... Studenten?
Öğrenciler

... Senioren?
Yaşlılar

... Gruppen?
Gruplar

Gibt es einen Katalog zur Ausstellung?
Serginin bir kataloğu var mı?

Allgemeines

Basar	çarşı, pazar
Besichtigung	ziyaret, gezme, görme
Denkmalschutz	anıtların korunması
Fremdenführer/in	turist rehberi
Fremdenverkehrsamt	turizm merkezi
Führung	rehberli tur
Funde	tarihi bulgular
Fußgängerzone	yaya bölgesi
Gasse	sokak

Geburtsstadt	doğum şehri
Geschichte	tarih
Haus	ev
Kaiser/in	imparator/imparatoriçe
König/in	kral/kraliçe
Kunst	sanat
Markt	pazar, çarşı
Museum	müze
Öffnungszeiten	açılış saatleri
Park	park
rekonstruieren	yeniden kurmak
Religion	din
restaurieren	restore etmek, onarmak
Sehenswürdigkeiten	görülmeye değer yerler
Stadtrundfahrt	şehir turu
Stadtteil	semt
Stadtzentrum	şehir merkezi
Straße	cadde
Sultan	sultan, padişah
Überreste	kalıntılar
Volkskundemuseum	halk sanatları müzesi
Vorort	banliyö
Wahrzeichen	simge, sembol

Ausflüge

Wo fahren wir los?
Nereden yola çıkıyoruz?

Wann treffen wir uns?
Ne zaman buluşuyoruz?

Kommen wir am/an ... vorbei?
...-den/-dan geçecek miyiz?

Besichtigen wir auch ...?
...-(y)i de gezecek miyiz?

Wann fahren wir zurück?
Ne zaman geri dönüyoruz?

Ausflug	gezi
Aussichtspunkt	manzaralı yer
Berg	dağ
Bergdorf	dağ köyü
botanischer Garten	botanik bahçesi
Deich	bent, set
Felswand	sarp kaya
Fischerort	balıkçı köyü
Fluss	ırmak
Freilichtmuseum	açık hava müzesi
Freizeitpark	eğlence parkı
Gebirge	dağlar
Gipfel	zirve, doruk
Grotte	mağara
Heide	fundalık
Hinterland	art bölge
Höhle	mağara

Inselrundfahrt	ada turu
Landschaft	manzara, doğa
Lava	lav
Leuchtturm	fener kulesi
Markt	pazar, çarşı
Museumsdorf	müze köyü
Nationalpark	milli park
Naturschutzgebiet	tabiatı koruma alanı
Pass	dağ gecidi
Pilgerstätte	ziyaretgah, ziyaret yeri
Quelle	kaynak
Rundfahrt	tur
Schlucht	boğaz
See *(Binnengewässerr)*	göl
(Meer)	deniz
Sternwarte	rasathane
Sumpf	bataklık
Tagesausflug	günübirlik gezi
Tal	vadi
Tropfsteinhöhle	damlataş mağarası
Umgebung	çevre
Vogelschutzgebiet	kuş cenneti
Vulkan	yanardağ
Wald	orman
Waldbrand	orman yangını
Wallfahrtsort	ziyaret yeri, ziyaretgah
Wasserfall	şelale
Wildpark	vahşi hayvanlar parkı
Zoo	hayvanat bahçesi

Strand

Entschuldigen Sie bitte, gibt es hier ein ...
Affedersiniz, burada bir ... var mı?

Schwimmbad?
yüzme havuzu

Freibad?
açık yüzme havuzu

Hallenbad?
kapalı yüzme havuzu

Ich möchte einen Liegestuhl/Sonnenschirm mieten.
Ben bir şezlong/bir şemsiye kiralamak istiyorum.

Was kostet das pro Stunde/Tag?
Saati/Günlüğü kaça?

Ist der Strand sandig/steinig?
Plaj ince kumlu mu/taşlı mı?

Gibt es hier Seeigel/Quallen/Algen?
Burada deniz kestanesi/deniz anası/su yosunu var mı?

Ist die Strömung stark?
Akıntı çok mu?

Shoppen und Einkaufen

Selbst das modernste Kaufhaus oder Einkaufscenter, und ist es noch so groß, kann mit dem *Kapalı çarşı*, dem „bedeckten" Bazar in Istanbul, nicht konkurrieren. Dieser entstand 1461 zunächst aus einigen Händlerbaracken unter einem Holzdach. Heute durchziehen 66 Straßen das 30 Hektar große Shopping-Labyrinth, das unter seinen Dächern über 4000 Läden, zwölf Moscheen und eine Schule beherbergt. Von getrocknetem Fisch, Bergen von Käse, verschiedenfarbig glänzenden Oliven über Tennisschuhe und T-Shirts bekannter Firmen bis hin zu Teppichen aus allen Regionen des Landes, Kupfer-, Messing- und Goldwaren sowie Antiquitäten ist hier alles zu finden. Übrigens: Sind Sie der erste Kunde des Tages, wirft man das von Ihnen genommene Geld auf den Boden. Dort bleibt es den ganzen Tag über, damit es dem Ladenbesitzer Glück bringt. Der Kunde wünscht ihm beim Abschied *Hayırlı işler*, was „gesegnete Geschäfte" bedeutet.

Fragen

Ich suche ...

Werden Sie schon bedient?
Size bakılıyor mu?/Size servis yapılıyor mu?

Danke, ich sehe mich nur um.
Teşekkür ederim, biraz bakmak istiyorum.

Ich möchte ...
... istiyorum.

Haben Sie ...?
Sizde ... var mı?

Darf es sonst noch etwas sein?
Başka bir şey istiyor musunuz?

Handeln und kaufen

Wie viel kostet es?
Bu kaça?

Das ist zu teuer!
Bu çok pahalı!

Gut, ich nehme es.
Peki, alıyorum.

Nehmen Sie Kreditkarten?
Kredi kartı alıyor musunuz?

Geschäfte

Wo finde ich ...?
Nerede ... bulabilirim?

Öffnungszeiten
Açılış saatleri

açık	kapalı	iş tatili
offen	**geschlossen**	**Betriebsferien**

Antiquitätengeschäft	antikacı dükkânı
Apotheke	eczane
Bäckerei	fırın, ekmekçi
Blumengeschäft	çiçekçi
Boutique	butik

Buchhandlung	kitabevi
Drogerie	eczacı, itriyatçı
Eisenwarengeschäft	nalbur
Elektrohandlung	elektirik malzemecisi
Feinkostgeschäft	şarküteri
Fischgeschäft	balıkçı
Flohmarkt	bit pazarı
Fotoartikel	fotoğraf malzemesi
Friseur	berber
Juwelier	kuyumcu
Kaufhaus	büyük mağaza, süpermarket
Konditorei	pastane
Kunsthändler	galeri
Lebensmittelgeschäft	bakkal, gıda satış mağazası
Lederwarengeschäft	deri eşya mağazası
Markt	pazar, çarşı
Metzgerei	kasap
Milchgeschäft	mandıra, sütçü
Musikgeschäft	müzik aletleri mağazası, plâk ve kasetçi
Obst- und Gemüsehändler	manav
Optiker	gözlükçü
Parfümerie	parfümcü, parfüm mağazası
Reinigung	kuru temizleme salonu
Reisebüro	seyahat acentası
Schneider/in	terzi
Schreibwarengeschäft	kırtasiye mağazası
Schuhgeschäft	ayakkabı mağazası
Schuhmacher	ayakkabıcı
Souvenirladen	turistik eşya satan dükkan
Spielwarengeschäft	oyuncakçı

Spirituosengeschäft	içki satış yeri
Sportartikel	spor malzemesi dükkânı
Supermarkt	süpermarket
Süßwarengeschäft	şekerci, tatlıcı
Tabakladen	tütün bayii, sigaracı
Trödler	eskici
Uhrmacher	saatçi, saat tamircisi
Wäscherei	çamaşırhane
Waschsalon	yıkama salonu
Weinhandlung	şarapçı
Zeitungshändler	gazete bayii

Haushaltswaren

Abfallbeutel	çöp poşeti
Alufolie	alüminyum folyo
Bindfaden	sicim
Brennspiritus	ispirto
Dosenöffner	konserve açacağı
Draht	tel
Flaschenöffner	şişe açacağı
Frischhaltefolie	selofan
Gabel	çatal
Glas	bardak
Grill	ızgara
Grillanzünder	ızgara kavı
Grillkohle	odun kömürü
Haushaltswaren	ev eşyaları
Kerze	mum
Korkenzieher	tirbuşon
Kühlelement	buz aküsü

Kühltasche	buz çantası
Löffel	kaşık
Messer	bıçak
Nadel	iğne
Papierservietten	kağıt peçete
Petroleum	petrol
Plastikbecher	plastik bardak
Plastikbeutel	plastik poşet
Sicherheitsnadel	çengelli iğne
Schere	makas
Tablett	tepsi
Taschenmesser	çakı
Thermosflasche	termos
Wäscheklammern	çamaşır mandalı
Wäscheleine	çamaşır ipi

Lebensmittel

Was darf es sein?
Ne istiyorsunuz?

Geben Sie mir bitte ...
Bana ... veriniz, lütfen.

ein Kilo ...
bir kilo ...

10 Scheiben ...
on dilim ...

ein Stück von ...
bir tane ..., bir parça ...

eine Packung ...
bir paket ...

ein Glas ...
bir kavanoz ...

eine Dose ...
bir kutu ...

eine Flasche ...
bir şişe ...

eine Einkaufstüte.
bir poşet

Darf es auch etwas mehr sein?
Biraz fazla olabilir mi?

Dürfte ich vielleicht etwas hiervon probieren?
Bunun tadına bakabilir miyim?

Danke, das ist alles.
Hepsi bu kadar, teşekkürler.

Farben

beige	krem, bej
blau	mavi
braun	kahverengi
gelb	sarı
golden	altın sarısı
grau	gri, boz
grün	yeşil
lila	mor
orange	turuncu
rosa	pembe
rot	kırmızı
schwarz	siyah
silbern	gümüş rengi
türkisfarben	cam göbeği
violett	eflatun
weiß	beyaz
hell ...	açık ...
dunkel ...	koyu ...
farbig	renkli
einfarbig	düz renkli, üni, tek renk

Für alle Fälle

Gesundheit

In der Apotheke

Könnten Sie mir bitte sagen, wo die nächste Apotheke (mit Nachtdienst) ist?
Bana söyleyebilir misinz, en yakın (gece nöbeti tutan) eczane nerede?

Könnten Sie mir bitte etwas gegen ... geben?
Bana ...-(y)e/-(y)a karşı bir şey verebilir misiniz, lütfen.

Dieses Mittel ist verschreibungspflichtig.
Bu ilaç ancak reçete ile alınabilir.

Abführmittel	müshil
Antibabypille	doğum kontrol hapı
Antbiotika	antibiyotik
Aspirin	aspirin
Augentropfen	göz damlası
Beruhigungsmittel	yatıştırıcı, sinir ilacı
Brandsalbe	yanık merhemi
Desinfektionsmittel	dezenfektan
Elastikbinde	elastik sargı
Fieberthermometer	termometre
Halstabletten	boğaz ağrısına karşı hap
Hustensaft	öksürük şurubu
Mittel gegen Insektenstiche	böcek sokmasına karşı ilaç
Insulin	ensülin
Jod(tinktur)	tentürdiyot
Kamillentinktur	papatya tentürü
Kondom	prezervatif

Kopfschmerztabletten	baş ağrısı hapı
Kreislaufmittel	kan dolaşımı ilacı
Läuse	bit
Medikament	ilaç
Mittel gegen Läuse	bit ilacı
Mullbinde	gaz bezi
Ohrentropfen	kulak damlası
Pflaster	plaster
Puder	pudra
Rezept	reçete
Salbe	merhem
Schlaftabletten	uyku hapı
Schmerztabletten	ağrı kesici hap
Sonnenbrandsalbe	güneş yanığı için merhem
Tablette	hap, tablet
Tropfen	damla
Vitamintabletten	vitamin hapı
Watte	pamuk
Zäpfchen	fitil

Prospektüs	Beipackzettel
Formülü	**Zusammensetzung**
Endikasyonları	**Anwendungsgebiete**
Kontrendikasyonları	**Gegenanzeigen**
Yan Etkiler/Advers Etkiler	**Nebenwirkungen**
İlaç Etkileşmeleri	**Wechselwirkungen**

Kullanım şekli ve Dozu	Dosierungsanleitung:
günde 1/birkaç defa/kere/ kez ... uygulanır.	**1 x/mehrmals täglich ... einnehmen**
1 tablet	**1 Tablette**
20 damla	**20 Tropfen**
1 ölçek	**1 Messbecher**
yemekten önce	**vor dem Essen**
yemekten sonra	**nach dem Essen**
aç karnına	**auf nüchternen Magen**
çiğnemeden biraz suyla alınır	**unzerkaut mit etwas Flüssigkeit einnehmen**
suda eritilerek alınır	**in Wasser aufgelöst einnehmen**
emmek suretiyle alınır	**im Mund zergehen lassen**
yalnızca/sadece haricen	**nur äußerlich**
ince bir tabaka halinde deriye sürülür	**dünn auf die Haut auftragen und einreiben**
bebek	**Säuglinge**
(...yaşına kadar) çocuklar	**Kleinkinder (bis zu ... Jahren)**
okul çocukları	**Schulkinder**
gençler	**Jugendliche**
büyükler/yetişkinler	**Erwachsene**
Çocukların ulaşamayacakları yerde ve ambalajında saklayınız.	**Für Kinder unzugänglich und in der Verpackung aufbewahren!**

Arztbesuch

Könnten Sie mir einen guten ... empfehlen?
Bana iyi bir ... tavsiye edebilir misiniz?

Arzt/Ärztin
doktor/kadın doktor

Augenarzt
göz doktoru

Frauenarzt
kadın doktoru

Hals-Nasen-Ohren-Arzt
kulak-burun-boğaz doktoru

Hautarzt
cilt doktoru

Kinderarzt
çocuk doktoru

Praktischen Arzt
pratisiyen doktor

Urologen
ürolog

Zahnarzt
diş doktoru

Wo ist ihre/seine Praxis?
Muayenehanesi nerede?

Beschwerden

Was für Beschwerden haben Sie?
Ne gibi şikayetleriniz var?

Ich habe Fieber.
Ateşim var.

Mir ist oft ...
Sık sık ...

schlecht/übel.
fena oluyorum.

schwindlig.
başım dönüyor.

Ich bin ohnmächtig geworden.
Bayıldım.

Ich bin (stark) erkältet.
(Kuvvetli) üşüttüm.

Ich habe Kopfschmerzen/Halsschmerzen.
Başım/Boğazım ağrıyor.

Ich habe Husten.
Öksürüğüm var.

Ich bin ...
Beni bir şey ...

gestochen worden.
soktu.

gebissen worden.
ısırdı.

Ich habe mir den Magen verdorben.
Midem bozuldu.

Ich habe Durchfall/Verstopfung.
İshal/Kabız oldum.

Ich vertrage das Essen/die Hitze nicht.
Yemeği/Sıcağı kaldıramıyorum.

Ich habe mich verletzt.
Yaralandım.

Ich bin gestürzt.
Düştüm.

Können Sie mir bitte etwas gegen ... geben/verschreiben?
Bana ...-(y)e/-(y)a karşı bir ilaç verebilir misiniz/yazabilir misiniz, lütfen?

Normalerweise nehme ich ...
Normal olarak ... alıyorum.

Ich habe einen hohen/niedrigen Blutdruck.
Tansiyonum yüksek/düşük.

Ich bin Diabetiker.
Şeker hastalığım var./Şekerim var.

Ich bin schwanger.
Bir bebek bekliyorum./Gebeyim./Hamileyim.

Ich hatte vor kurzem ...
Kısa bir süre önce ... -(i)m/-(ı)m/-(ü)m/-(u)m vardı.

Untersuchung

Was kann ich für Sie tun?
Sizin için ne yapabilirim?

Wo tut es weh?
Nereniz ağrıyor?

Ich habe hier Schmerzen.
Buram ağrıyor.

Bitte, machen Sie sich/Ihren Arm frei.
Üstünüzü çıkarın,/Kolunuzu açın, lütfen.

Bitte tief einatmen. Atem anhalten.
Derin nefes alınız. Nefesinizi tutunuz, lütfen.

Ich brauche eine Blut-/Urinprobe.
Kan/İdrar tahlili gerekiyor.

Sie müssen geröntgt werden.
Röntgeninizin çekilmesi gerekiyor.

Sie müssen operiert werden.
Ameliyat olmanız gerekiyor.

Sie sollten ein paar Tage Bettruhe halten.
Birkaç gün yatakta istirahat etmeliyiz.

Es ist nichts Ernstes.
Ciddi bir şey değil.

Haben Sie einen Impfschein?
Aşı kağıdınız var mı?

Ich bin gegen ... geimpft.
... aşısı oldum.

Ich bin gegen ... allergisch.
...-(y)e/-(y)a karşı alerjim var.

Im Krankenhaus

Wie lange muss ich hier bleiben?
Burada ne kadar kalmam lazım.

Geben Sie mir bitte ...
Bana ... veriniz, lütfen.

ein Glas Wasser
bir bardak su

eine Schmerztablette
bir ağrı kesici hap

eine Schlaftablette
bir uyku hapı

eine Wärmflasche
bir termofor

Ich kann nicht einschlafen.
Uyuyamıyorum.

Wann darf ich aufstehen?
Ne zaman ayağa kalkabilirim?

Beim Zahnarzt

Ich habe (starke) Zahnschmerzen.
Dişim (şiddetli) ağrıyor.

Dieser Zahn (oben/unten/vorn/hinten) tut weh.
Bu (yukardaki/aşağıdaki/öndeki/arkadaki) diş ağrıyor.

Ich habe eine Füllung verloren.
Bir dolgum düştü.

Mir ist ein Zahn abgebrochen.
Bir dişim kırıldı.

Ich behandle ihn nur provisorisch.
Onu yalnız geçici olarak tedavi ediyorum.

Geben Sie mir bitte ...
Bana iğne ... lütfen.

eine Spritze.
yapın

keine Spritze.
yapmayın

Backenzahn	azı dişi
Brücke	köprü
Kiefer	çene
Krone	kron
Loch	delik

Plombe	dolgu
Prothese	protez
Schneidezahn	kesici diş
Weisheitszahn	yirmi yaş dişi
Zahn	diş
Zahnfleisch	diş eti
Zahnschmerzen	diş ağrısı
ziehen	çekmek

Bank

Wechseln Sie zu Hause nur so viel Geld, wie Sie für die ersten zwei Tage brauchen, denn in der Türkei bekommen Sie einen wesentlich besseren Wechselkurs. Sie können Ihr Geld in einer der zahlreichen Wechselstuben umtauschen oder sich eines Bankomats bedienen. Die meisten Läden und Restaurants akzeptieren Kreditkarten.

Wo ist hier bitte eine Bank?
Nerede banka var?

Wo ist hier bitte eine Wechselstube?
Döviz bozdurma bürosu nerede var?

Ich möchte ... Euro (Schweizer Franken) in türkische Lira umwechseln.
... Evro (İsviçre Frankı) karşılığında Türk Lirası istiyorum.

Wie ist heute der Wechselkurs?
Bugün değiştirme kuru nasıl?

Ich möchte ... einlösen.
Bu ... almak istiyorum.

diesen Reisescheck
seyahat çekini

Auf welchen Betrag kann ich ihn maximal ausstellen?
En fazla ne kadar yazabilirim?

Ihre Scheckkarte, bitte.
Çek kartınız, lütfen.

Darf ich bitte ... sehen?
... görebilir miyim?

Ihren Ausweis
Kimliğinizi

Ihren Pass
Pasaportunuzu

Würden Sie bitte hier unterschreiben?
Şurayı imzalar mısınız, lütfen?

auszahlen	ödemek
Bank	banka
bar	nakit
Bargeld	nakit para
Bearbeitungsgebühr	işlem parası
Betrag	yekün, tutar
Chipkarte	çip kartı
Devisen	döviz
Euro	Evro
Eurochequekarte	Evroçek kartı
Formular	formüler, belge
Geheimzahl	gizli numara
Geld	para

Geldautomat	bankomat
Geldanweisung	para havalesi
Geldkarte	parakartı
Geldschein	kâğıt para, banknot
Geldwechsel	para değiştirme
Kleingeld	bozuk para
Konto	hesap
Kreditkarte	kredi kartı
Ladeterminal	yükleme terminali
Münze	madeni para
Quittung	makbuz
Reisescheck	seyahat çeki
Scheck	çek
einen Scheck ausstellen	bir çek yazmak
Scheckkarte	çek kartı
Schweizer Franken	İsviçre frankı
Überweisung	havale
umtauschen	değiştirmek
Unterschrift	imza
Währung	para birimi
Wechselkurs	kambiyo rayici, döviz kuru
Wechselstube	döviz bozdurma yeri
Zahlung	ödeme

Internetcafé

Wo gibt es in der Nähe ein Internetcafé?
Yakınlarda bir internet cafe var mı?

Wie viel kostet eine Stunde?/Viertelstunde?
Saati/Çeyrek saati kaça?

Ich möchte eine E-Mail senden.
Bir e-posta yollamak istiyorum.

Kann ich von hier ein Fax versenden?
Buradan bir faks yollabilir miyim?

Kann ich eine Seite ausdrucken?
Bir sayfa yazdırabilir miyim?

Bei mir klappt die Verbindung nicht.
Bağlantım kesik.

Ich habe Probleme mit dem Computer.
Bilgisayarla problemlerim var.

Kann ich bei Ihnen Fotos von meiner Digitalkamera auf CD brennen?
Sizde dijital fotoğraf makinesimden resimleri CD'ye yazabilir miyim?

Polizei

Wo ist bitte das nächste Polizeirevier?
En yakın polis karakolu nerede?

Ich möchte ... anzeigen.
Bir ... bildirmek istiyorum.

einen Diebstahl
hırsızlığı

einen Überfall
saldırıyı

Mir ist ... gestohlen worden.
Benim ... çalındı.

die Handtasche
el çantam

die Brieftasche
cüzdanım

mein Fotoapparat
fotoğraf makinam

mein Auto
arabam

mein Fahrrad
bisikletim

Mein Auto ist aufgebrochen worden.
Arabam açılmış.

Aus meinem Auto ist ... gestohlen worden.
Arabamdan ... çalındı.

Ich habe ... verloren.
Ben ... kaybettim.

Mein Sohn/Meine Tochter ist verschwunden.
Oğlum/Kızım kayıp.

Dieser Mann belästigt mich.
Bu adam beni rahatsız ediyor.

Können Sie mir bitte helfen?
Lütfen bana yardım eder misiniz?

Wann genau ist das passiert?
Tam ne zaman oldu bu?

Ihren Namen und Ihre Anschrift, bitte.
İsim ve adresiniz, lütfen.

Wenden Sie sich bitte an das deutsche/österreichische/Schweizer Konsulat.
Alman/Avusturya/Isviçre konsolosluğuna baş varun, lütfen.

anzeigen	ihbar etmek, bildirmek
aufbrechen	zorla girmek, kırarak girmek
Autoradio	araba radyosu
belästigen	rahatsız etmek
beschlagnahmen	el koymak
Dieb	hırsız
Diebstahl	hırsızlık
Gefängnis	hapishane
Geldbörse	para çantası
Gericht	mahkeme
Kfz-Schein	trafik kağıdı
Kreditkarte	kredi kartı
Papiere	araba kağıtları
Personalausweis	hüviyet, kimlik
Polizei	polis
Polizeiwagen	polis arabası
Polizist/in	polis
Rauschgift	uyuşturucu madde
Rechtsanwalt	avukat
Reisepass	pasaport
Richter	hakim
Scheck	çek
Scheckkarte	çek kartı
Schlüssel	anahtar
Schmuggel	kaçakçılık
Schuld	suç
sexuelle Belästigung	cinsel taciz
Taschendieb	yankesici

Überfall	baskın
Untersuchungshaft	tutukluluk
Verbrechen	suç
Vergewaltigung	ırza geçmek/tecavüz etmek
verhaften	tutuklamak
verlieren	yenilmek, yitirmek
zusammenschlagen	dövmek

Post

Wo ist ...
En yakın ...

die nächste Post?
postane nerede?

der nächste Briefkasten?
posta kutusu nerede?

Was kostet ein Brief/eine Postkarte ...
... bir mektup/posta kartı kaça gidiyor?

nach Deutschland?
Almanya'ya

nach Österreich?
Avusturya'ya

in die Schweiz?
İsviçre'ye

Drei Briefmarken zu ... Lira, bitte.
Üç tane yirmi bin ... Liralık pul, lütfen.

Diesen Brief bitte per ...
Lütfen bu mektubu ...

Luftpost.
uçak postası.

Express.
özel ulak.

Wie lange braucht ein Brief nach Deutschland?
Almanya'ya mektup kaç günde gider?

Haben Sie Sondermarken?
Özel pullarınız var mı?

Absender	gönderen
Adresse	adres
ausfüllen	doldurmak
Brief	mektup
Briefkasten	posta kutusu
Briefmarke	pul
Briefmarkenautomat	pul otomatı
Eilbrief	ekspres mektup, özel ulak
Einschreibebrief	taahhütlü mektup
Empfänger	alıcı
Formular	formüler, belge
frankieren	pul yapıştırmak
Gebühr	harç, ücret
Gewicht	gramaj, ağırlık
Leerung	boşaltma
mit Luftpost	uçakla
nachsenden	yeni adrese göndermek
Päckchen	küçük paket
Paket	paket
Paketkarte	paket kartı
Porto	posta ücreti
Post	postane

Postkarte	posta kartı
postlagernd	postrestant
Postleitzahl	şehir posta numarası
Sondermarke	özel pul
Vordruck	formüler, çizelge
Wertangabe	değer bildirme
Zollerklärung	gümrük beyannamesi

Toilette und Bad

Wo ist bitte die Toilette?
Tuvalet nerede lütfen?

Dürfte ich wohl bei Ihnen die Toilette benutzen?
Tuvaletinizi kullanabilir miyim acaba?

Würden Sie mir bitte den Schlüssel für die Toiletten geben?
Bana lütfen tuvaletin anahtarını verir misiniz?

Damen	Bayanlar
Herren	Baylar

Wörterbuch Türkisch - Deutsch

A

AB yurttaşı EU-Bürger
abi älterer Bruder
abla ältere Schwester
acaba ob ... wohl
acele dringend, eilig, schnell
acele etmek s. beeilen
acente Agentur
acı bitter, scharf
acıkmak hungrig sein
acımak bedauern, wehtun
acil durum Notfall
aç hungrig
aç karnına auf nüchternen Magen
açık offen, geöffnet; deutlich, klar
açık hava sineması Freilichtkino
açık mavi/açık yeşil hellblau/hellgrün
açık vagon Großraumwagen
açılış saatleri Öffnungszeiten
açmak öffnen; *(TV, Radio)* einschalten; *(Telefon)* abheben
ad Name
ada Insel
ada turu Inselrundfahrt
adaçayı Salbei
adam Mann
adaptör Adapter
adet Zahl
adı .../adım ... er/sie heißt .../ich heiße ...
adres Adresse

advers etkiler Nebenwirkungen
aerobic Aerobic
afiş Plakat
ağ Netz
ağaç Baum
ağır schwer
ağır özürlü Schwerbehinderte(r)
ağırlık Gewicht
ağız Mund
ağlamak weinen
ağrı Schmerzen
ağrı kesici hap Schmerztabletten
ağustos August
ahbap der/die Bekannte
ahize Telefonhörer
ahlaksız verdorben, unmoralisch
ahtapot Tintenfisch
aile Familie
akciğer Lunge
Akdeniz Mittelmeer
akıcı flüssig, fließend
akıllı klug
akılsız dumm
akraba verwandt
akşam Abend
akşam yemeği Abendessen
akşamları immer abends
akşamleyin abends
aktör/aktris Schauspieler(in)
akü şarj cihazı Ladegerät
akü takviye kablosu Starthilfekabel
alan Gebiet
alarm sistemi Alarmanlage
alaturka tuvalet Stehklosett
alçak niedrig
aldanmak s. täuschen
aldatma Betrug
alerji Allergie
alet Werkzeug; Gerät
algılamak merken
alıcı Empfänger(in)
alıkoymak behalten
alımlı bezaubernd, entzückend
alıp götürmek mitnehmen
alışık gewohnt
alışılmadık außergewöhnlich
alışılmış gebräuchlich, gewöhnlich, üblich
alıştırma yapmak üben
alışveriş etmek einkaufen
alkış Beifall
alkol duvarı Promillegrenze

alkolsüz alkoholfrei
alkolsüz bira alkoholfreies Bier
Allah Gott
almak bekommen; nehmen; abholen; kaufen
Alman deutsch
Alman (yurttaşı) Deutsche(r)
Almanca Deutsch *(Sprache)*
Almanya Deutschland
altgeçit Unterführung
altın Gold
altın rengi goldfarben
altına unter *(Richtung)*
altında unter *(Ort)*
altyazı Untertitel
alüminyum folyo Alufolie
ama aber
amaç Zweck, Ziel
amatör balıkçılık belgesi Angelschein
ambalaj Verpackung
ambülans Krankenwagen
amel Durchfall
ameliyat Operation
amfitiyatro Amphitheater
ampul Glühbirne
an Augenblick
ana sezon Hauptsaison
ana yol Hauptstraße
anababa Eltern
Anadolu Anatolien
anahtar Schlüssel
anahtar teslimi Schlüsselübergabe
ananas Ananas
ancak nur; erst *(nicht früher als)*
anımsamak s. erinnern (an)
anımsatmak jdn an etw erinnern
anıt Denkmal
anıtların korunması Denkmalschutz
ani rüzgar Bö
aniden plötzlich
anjin Angina
anlam Bedeutung, Sinn
anlamak verstehen
anlatmak erzählen
anma yeri Gedenkstätte
anne Mutter
anorak Anorak
antifriz Frostschutzmittel
antik antik
antikacı dükkanı Antiquitätengeschäft

apaçık ausdrücklich
apandisit Blinddarmentzündung
apse Abszess, Geschwür
aptal blöd, dumm
ara Pause
ara iniş Zwischenlandung
ara priz Zwischenstecker
ara vermek unterbrechen
araba Auto
araba radyosu Autoradio
araba treni Autoreisezug
araç Mittel
arada sırada ab und zu
aralık (ayı) Dezember
aramak suchen
arasında zwischen; inmitten, unter
arasından durch ... hindurch
arasıra ab und zu, gelegentlich
arazi Gelände
arena Arena
arı Biene
arıza Panne, (Motor-)Schaden
arıza hizmeti Pannendienst
arka lamba Rücklicht
arkada hinten
arkadaş Freund(in)
arkadaş olmak befreundet sein
arkasına hinter *(Richtung)*
arkasında hinter *(Ort)*
arkeoloji Archäologie
armut Birnen
art bölge Hinterland
artmak zunehmen; übrig bleiben
arzu etmek wünschen
asansör Aufzug, Fahrstuhl
aseton Nagellackentferner
asıl eigentlich; Original
asır Jahrhundert
asla nie
aslında eigentlich
aspirin Aspirin®
astım Asthma
Asya Asien
aşağı *(Rang, Wert)* niedrig
aşağı yukarı etwa, ungefähr
aşağıda unten
aşağılama Beleidigung
aşağısında unterhalb
aşağıya doğru abwärts
aşçı Koch
aşı Impfung
aşı karnesi Impfpass
aşık Knöchel

aşk Liebe
at Pferd
ata binmek reiten
ateş Feuer; Fieber
atkı Halstuch, Schal
atla gezinti Ausritt
atlet Unterhemd
atletizm Leichtathletik
avantaj Vorteil
avlu Hof, Innenhof
avokado Avocado
Avrupa Europa; europäisch
Avrupalı Europäer(in)
avukat Rechtsanwalt/anwältin
Avusturya Österreich
Avusturyalı Österreicher(in)
ay Monat; Mond
ayağa kalkmak aufstehen
ayak Fuß
ayak parmağı Zehe
ayakkabı Schuh
ayakkabı bağcığı Schnürsenkel
ayakkabı boyası Schuhcreme
ayakkabı büyüklüğü/numarası Schuhgröße
ayakkabı fırçası Schuhbürste
ayakkabı mağazası Schuhgeschäft
ayakkabıcı Schuhmacher
ayakta durmak stehen *(Mensch)*
ayaküstü yemek Imbiss, Fastfood
aybaşı Menstruation
ayık nüchtern
ayır(t)mak reservieren
ayırmak trennen; aussuchen
ayırtma Reservierung
ayin Gottesdienst
aylık monatlich, Monats-
ayna Spiegel
aynı derselbe, dieselbe, dasselbe, gleich
aynı anda gleichzeitig
aynı zamanda gleichzeitig
ayrıca außerdem
ayrılıp gitmek weggehen
az wenig
az önce kürzlich
aziz heilig

B

baba Vater
baby-lift Babylift
bacak Bein
badem Mandeln *(Nüsse)*
bademcik Mandeln *(Organ)*
bademcik iltihabı Mandelentzündung
badi Body
badminton Badminton
bagaj Gepäck, Kofferraum
bagaj alma yeri Gepäckausgabe
bagaj kaydı Gepäckabfertigung
bagaj taşıma arabası Gepäckwagen
bağ Weinberg
bağırmak schreien
bağlama Skibindung
bağlantı Anschluss, Verbindung
bağlayıcı olmayan unverbindlich
baharat Gewürz, Kräuter
baharat katmak würzen
bahçe Garten
bahşiş Trinkgeld
bakım servisi Betreuungsdienst
bakıma muhtaç pflegebedürftig
bakış Blick
bakkal Lebensmittelgeschäft
bakmak gucken, anschauen, schauen auf
bal Honig
baldız Schwägerin *(Schwester der Ehefrau)*
bale Ballett
balık Fisch
balık avlama yasağı Schonzeit *(für Fische)*
balık avlamak fischen, angeln
balıkçı Fischgeschäft; Fischhändler
balıkçı köyü Fischerort
balkon Balkon
balo Ball *(Fest)*
bana mir
bank Bank
banka Bank *(Geldinstitut)*
bankamatik Geldautomat
banknot Geldschein
banliyö Vorort
banliyö treni Nahverkehrszug
banyo Badezimmer
banyo havlusu Badetuch
banyo odası Waschraum
banyo oturağı Duschsitz

bar Bar
baraka Hütte
bardak Glas, Becher
barsak Darm
basamak Stufe
basamaksız geçit stufenloser Zugang
basit einfach
basketbol Basketball
baskın Überfall
baş Kopf
baş ağrısı Kopfschmerzen, Migräne
baş ağrısı hapı Kopfschmerztabletten
baş dönmesi Schwindel
baş rol Hauptrolle
baş şehir Hauptstadt
baş yemek Hauptspeise
başım/başı dönüyor mir/ihr ist schwindlig
başka andere(r, -s); außer
başka bir yerde anderswo
başkent Hauptstadt
başkilise Dom
başlamak anfangen
başlangıç Anfang
başörtüsü (Kopf-)Tuch
bataklık Sumpf
batırmak stechen
batısında westlich von
bavul Koffer
Bay ... Herr ... *(Anrede mit Nachnamen)*
bayağı durchschnittlich
Bayan ... Frau ... *(Anrede mit Nachnamen)*
Bayanlar Damen
baygınlık Ohnmacht
bayılmış bewusstlos
Baylar Herren
bayram Fest
bazen manchmal
bazı einige
bebek Baby, Säugling
bebek bezi değiştirme masası Wickeltisch
bebek fonu Babyfon®
bebek koltuğu Babyschale *(fürs Auto)*
bedava gratis, kostenlos
beden Größe *(von Kleidern)*
bedensel engelleme Körperbehinderung
beğenmek mögen; sich aussuchen

bej beige
bekar Junggeselle; ledig
bekleme odası Wartezimmer
bekleme salonu Wartesaal
beklemek erwarten
bel kemeri Nierengurt
bel kemiği Wirbelsäule
belediye otobüsü Stadtbus
belediye sarayı Rathaus
belge Bescheinigung
belirgin deutlich
belki vielleicht, wahrscheinlich
belli bestimmt
ben ich
benek Fleck
beni mich
benim mein(e)
benim için für mich; meinetwegen
benim yüzümden meinetwegen
bent Deich
benzer ähnlich
benzin bidonu Benzinkanister
benzin doldurmak tanken
benzin pompası Benzinpumpe
beraber zusammen
berabere unentschieden
berber Friseur
beri seit
berrak klar *(Wasser)*
besteci Komponist(in)
... Bey Herr ... *(Anrede mit Vornamen)*
beyaz weiß
beyaz ekmek Weißbrot
beyaz peynir Schafskäse, Weichkäse
beyaz şarap Weißwein
beyin Gehirn
beyin kanaması Gehirnschlag
beyin sarsıntısı Gehirnerschütterung
bezelye Erbsen
bıçak Messer
bıçak yarası Schnittwunde
bırakmak abgeben, verlassen
bıyık Schnurrbart
biber Paprika(schote); Pfeffer
biberiye Rosmarin
biberlik Pfefferstreuer
biberon Fläschchen *(fürs Baby)*
biberon ısıtıcısı Fläschchenwärmer
biçim Art und Weise; Form
bidon Kanister
bigudi Lockenwickler

bikini Bikini
bildiri Mitteilung
bildirme Angabe
bildirmek benachrichtigen
bilet Eintrittskarte; Fahrkarte
bilet almak eine Fahrkarte kaufen; *(Flug, Reise)* buchen
bilet atmak die Fahrkarte entwerten
bilet gişesi Fahrkartenschalter
bilet kontrolü Fahrkartenkontrolle
bilet ücreti Fahrpreis
bileti değiştirmek *(einen Flug)* umbuchen
bilezik Armband
bilgi Nachricht
bilgilendirmek informieren
bilhassa besonders
bilinen bekannt
bilmek wissen; kennen; können *(gelernt haben)*
bina Bauwerk, Gebäude
binicilik okulu Reitschule
biniş yardımı Einstiegshilfe
binmek *(Verkehrsmittel)* nehmen, einsteigen
bir ein(e); eins
bir arada zusammen
bir daha wieder, noch einmal
bir defa einmal
bir hafta sonra in einer Woche
bir kez einmal
bir şey etwas
bira Bier
birahane Kneipe
biraz ein bisschen, etwas
biraz önce eben gerade
birazdan bald, gleich
birdenbire plötzlich
biricik einzig
biriktirmek sammeln
birinci erste(r, -s)
birinci vites erster Gang
birinde bei jemandem
birinden von jemandem
birine jemandem
birini jemanden
birinin jemandes
biri(si) jemand
birkaç einige, ein paar
birlikte gemeinsam, zusammen
birlikte getirmek mitbringen
bisiklet Fahrrad
bisiklet kaskı Fahrradhelm
bisiklet sporu Radsport

bisiklet turu Radtour
bisiklet yolu Fahrradweg
bisiklete binmek Rad fahren
bisküvit Keks
bitki Pflanze
bitkin erschöpft
bitmek aufhören
bitpazarı Flohmarkt
biz wir
Bizans byzantinisch
bize uns *(Dat.)*
bizi uns *(Akk.)*
bizim unser(e)
bloknot Schreibblock
blucin Jeans
blues Blues
bluz Bluse
boğaz Hals, Kehle; Schlucht
boğaz ağrısı Halsschmerzen
boğaz ağrısına karşı hap Halstabletten
Boğaziçi Bosporus
boğmaca Keuchhusten
bono Gutschein
boran Gewitter
borç Schuld, (Geld-)Schulden
bornoz Bademantel
boş leer; frei
boşaltma Leerung
botanik bahçesi botanischer Garten
bowling Bowling
boyalı kalem Farbstift
boyamak färben
boyun Hals
boz grau
bozuk kaputt
bozuk para Kleingeld, Wechselgeld
bozukluk Defekt, Schaden
böbrek Niere
böbrek iltihabı Nierenentzündung
böbrek taşı Nierenstein
böcek Insekt
böcek sokmasına karşı ilaç Mittel gegen Insektenstiche
böğürtlen Brombeeren
bölge Region
bölüm Teil; Sparte; Krankenhausstation
bön blöd(e)
Braille alfabesi Blindenschrift
bronşit Bronchitis
bronşlar Bronchien
bronz Bronze

broş Brosche
broşür Prospekt
bu diese(r, -s)
bu benim/senin/onun das gehört mir/dir/ihr
bu saatlerde um diese Zeit
bu sabah/bu akşam heute Morgen/heute Abend
bugün heute
buğuda pişmiş geschmort
buğulanmış gedämpft
buji Zündkerze
buket Blumenstrauß
bukle Locke
bulaşıcı ansteckend
bulaşık bezi Spültuch
bulaşık deterjanı Spülmittel
bulaşık fırçası Spülbürste
bulaşık makinesi Geschirrspülmaschine
bulmak finden
bulunmak s. befinden; s. aufhalten
bulunmamak fehlen
bulut Wolke
bulutlu bewölkt
buna karşın trotzdem
bunaltıcı sıcak schwül
bundan başka außerdem
bungalov Bungalow
bungee jumping Bungeejumping
bunun için deshalb
bununla beraber trotzdem
burada hier
burkulmuş verstaucht
burnunu silmek sich die Nase putzen
burun Nase
burun kanaması Nasenbluten
butik Boutique
buy(u)run! herein!
buz Eis
buz dolabı Kühlschrank
buz hokeyi Eishockey
buz pateni Schlittschuh
buz pisti Eisbahn
buzlanma Glatteis
büro Büro
bütün alle; ganz
büyük Erwachsene(r), groß
büyük aptes Stuhlgang
büyük kilise Kathedrale
büyükanne Großmutter
büyükbaba Großvater

büyükelçilik Botschaft *(dipl. Vertretung)*
büyükler Erwachsene
büyüklük Größe
büyüleyici bezaubernd
bypass Bypass

C

cadde Straße
cam Glas, Glasscheibe
cam resim Glasmalerei *(Kunstwerk)*
cam resim sanatı Glasmalerei *(Kunstart)*
camcorder Camcorder
camekan Schaufenster
can yeleği Rettungsweste
cana yakın freundlich
cankurtaran sandalı Rettungsboot
cankurtaran yeleği Schwimmweste
cankurturan simidi Rettungsring
canlı lebhaft
canlı müzik Livemusik
cansıkıcı langweilig; lästig
caz Jazz
caz jimnastiği Jazzgymnastik
CD CD
CD çalar CD-Spieler
ceket Jacke
cemiyet Verein
centilmence fair

cep Hosentasche, Jackentasche; Handy
cep hesap makinesi Taschenrechner
cep kitabı Taschenbuch
cep telefonu Handy
cephe Fassade
cerahat Eiter
cerrah Chirurg(in)
cevap vermek antworten
cevaplandırmak beantworten
ceviz Walnuss
ceza Strafe
ceza alanı Strafraum
cezir Ebbe
cımbız Pinzette
ciddi ernst
cilt Haut
cilt döküntüsü Ausschlag
coşkun leidenschaftlich
cross-country kayak Langlaufski
cuma Freitag
cumartesi Samstag
cümle Satz
cüzdan Brieftasche, Geldbeutel

Ç

çabuk schnell
çadır Zelt
çadır direği Zeltstange
çadır sicimi/halatı Zeltschnur
çağanoz Krabben
çağırmak einladen
çakı Taschenmesser
çakır keyif beschwipst
çalar saat Wecker
çalılık Busch
çalışmak arbeiten
çalıştırmak *(Maschine)* einschalten
çalmak stehlen
çamaşır Wäsche
çamaşır ipi Wäscheleine
çamaşır kurutma makinesi Wäschetrockner
çamaşır makinesi Waschmaschine
çamaşır mandalı Wäscheklammern
çamaşır salonu Waschsalon
çamaşırhane Wäscherei
çanak Schüssel
çanak çömlek Töpferwaren

çanta Tasche
çarpışma Zusammenstoß
çarşamba Mittwoch
çarşı Basar, Markt
çatal Gabel
çatal bıçak Besteck
çay Tee
çay kaşığı Teelöffel
çay poşeti Teebeutel
çayır Wiese
çekici (araç) Abschleppwagen
çekici servisi Abschleppdienst
çekiç Hammer
çekip gitmek weggehen
çekme halatı Abschleppseil
çekmek ziehen; *(Auto)* abschleppen
çene Kiefer
çengel Haken
çengelli iğne Sicherheitsnadel
çeşit Art, Sorte
çeşme Brunnen
çevirmek übersetzen
çevre Umgebung; Umwelt
çıban Abszess, Geschwür
çıkış Ausgang; Ausfahrt; Autobahnabfahrt
çıkış kapısı Flugsteig
çılgın verrückt, wild, wahnsinnig
çıplak nackt
çiçek Blume
çiçekçi Blumengeschäft
çift Paar; Doppel, doppelt
çiftlik Bauernhof
çiğ roh
çiğ jambon roher Schinken
çiklet Kaugummi
çikolata Schokolade
çilek Erdbeere
çim Rasen
çimen Liegewiese, Rasen
çimenlik Wiese
çip kartı Chipkarte
çirkin hässlich
çizgi Linie
çizgi film Zeichentrickfilm
çizim Zeichnung
çizme Stiefel
çizmek zeichnen
çocuk Kind
çocuk bahçesi Spielplatz
çocuk bakıcısı Babysitter
çocuk bakımı Kinderbetreuung
çocuk bezi Windel
çocuk bileti Kinderfahrkarte

çocuk düşürme Fehlgeburt
çocuk felci Kinderlähmung
çocuk giyimi Kinderkleidung
çocuk hastalığı Kinderkrankheit
çocuk havuzu Kinderbecken, Planschbecken
çocuk indirimi Kinderermäßigung
çocuk koltuğu Kindersitz
çocuk maması Babynahrung
çocuk tabağı Kinderteller
çocuk yastığı Kindersitzkissen *(fürs Auto)*
çocuk yatağı Kinderbett
çoğu kez häufig
çoğu zaman oft
çok sehr; viel(e); mehr als
çok konforlu luxuriös
çok sıcak heiß
çorap Socke, Strumpf
çorba Suppe
çorba tabağı Suppenteller
çömlek atölyesi Töpferei *(Werkstatt)*
çömlekçilik Töpferei *(Handwerk)*
çöp Abfall, Müll
çöp bidonu Mülltonne
çöp kovası Abfalleimer
çöp poşeti Abfallbeutel
çukur Loch, Mulde, Vertiefung
çünkü denn, weil
çürük *(Obst)* faul; Prellung
çürümüş verdorben

D

... da/... de auch ...
...-da/-de in, an, bei
dağ bisikleti Mountainbike
dağ gecidi Gebirgspass
dağ istasyonu Bergstation
dağ köyü Bergdorf
dağcılık Bergsteigen
dağlar Gebirge
daha noch
daha erken früher, eher
daha geç später
daha iyi besser
daha önce vorher
daha sonra danach
... dahi auch ...
dahil inbegriffen
daima immer
daire Apartment, Wohnung *(im Wohnblock)*
dakik pünktlich
dakika Minute
dalgakıran Mole
dalgalı deniz Seegang
dalgıç gözlüğü/maskesi Taucherbrille
dalgıç takımı Taucherausrüstung
dalmak tauchen
dam Dach
damga Stempel
damla Tropfen
...-dan/-den von; aus; *(bei Vergleich)* als
dana eti Kalbfleisch
danışma Auskunft
dans etmek tanzen
dans orkestrası Tanzkapelle
dans tiyatrosu Tanztheater
dansçı Tänzer(in)
dar eng
dargın böse
davet etmek einladen
davranmak s. verhalten; behandeln
... de/... da auch ...
...-de/-da in, an, bei
debriyaj Kupplung
dede Großvater
defne Lorbeer
değer bildirme Wertangabe
değersiz wertlos
değil nicht
değin bis

değirmi rund
değişiklik Wechsel
değişken wechselhaft
değişme Wechsel, Veränderung
değiştirme Wechsel, Änderung
değiştirmek verändern; aus-, umtauschen
değmek berühren
değnek Taststock
deklanşör Auslöser
deli verrückt
delik Loch
delikanlı Jugendlicher, junger Mann
delil Zeichen, Beweis
delta kanatla uçmak Drachenfliegen
demek sagen
demet Blumenstrauß
demin eben *(zeitlich)*
...-den/-dan von; aus; *(bei Vergleich)* als
deneme Probe, Versuch
denemek versuchen
deniz Meer
deniz gezisi Kreuzfahrt
deniz motoru Motorboot
deniz otobüsü Luftkissenboot
...-i deniz tuttu ... ist seekrank
deodorant Deo(dorant)
depo (Benzin)tank
depozit Kaution *(bei Vermietungen)*
depozito (Flaschen)pfand
depozito bırakmak hinterlegen
dergi Zeitschrift
derhal sofort
deri Haut
deri ceket Lederjacke
deri eşya Lederwaren
deri eşya mağazası Lederwarengeschäft
derin tief
dernek Verein
ders Unterricht
ders vermek unterrichten
deterjan Waschmittel
devam etmek (an)dauern; weitermachen
devir Epoche
devlet Staat
dezenfektan Desinfektionsmittel
dezenfekte etmek desinfizieren
dış semt Vorort

dış ülkeye uçuş Auslandsflug
dışarı çıkmak hinausgehen, ausgehen
dışarıda außen, draußen
dışında außer; außerhalb von
difteri Diphtherie
diğer der/die/das andere
dijital kamera Digitalkamera
dik steil
dikey boyut Hochformat
dikiz aynası Rückspiegel
dikkat Achtung
dikkat etmek aufpassen
dikkat! Vorsicht!
dikkate almak beachten
dikkatli vorsichtig
dikmek nähen
dil Sprache, Zunge
dil balığı Seezunge
dil kursu Sprachkurs
dilek Bitte
dilemek wünschen
dilim Scheibe
dilim peyniri Schnittkäse
dilsiz stumm *(sprachunfähig)*
din Religion
dinlemek zuhören
dinlenme Ruhe, Rast, Erholung
dinlenme tesisi Raststätte
dinlenme yeri Rastplatz
dinlenmek s. ausruhen, s. erholen
direksyon Lenkrad
direkt direkt
diskotek Diskothek
diş Zahn
diş ağrısı Zahnschmerzen
diş eti Zahnfleisch
diş fırçası Zahnbürste
dişlerini fırçalamak die Zähne putzen
diyet Schonkost
diz Knie
doğa Landschaft, Natur
doğal natürlich
doğru gerade; geradeaus; richtig, wahr; *(mit Dat.)* in Richtung auf, nach
doğrudan doğruya direkt
doğu Osten
doğum günü Geburtstag
doğum kontrol hapı Antibabypille
doğum tarihi Geburtsdatum
doğum yeri Geburtsort
doğumlu geboren

doğusunda östlich von
doktor Arzt/Ärztin
dokunmak berühren
dokümanter film Dokumentarfilm
dolandırma Betrug *(beim Handel)*
dolap Schrank
dolaşmak besichtigen, spazieren gehen
dolayı wegen
doldurmak ausfüllen
doldurulacak belge Formular
doldurulmuş gefüllt
dolgu Zahnfüllung, Plombe
dolma gefüllt
dolu voll, *(Platz)* besetzt
domates Tomate
domuz eti Schweinefleisch
don Frost; Slip, Unterhose
dondurma Speiseeis
donmak frieren, gefrieren
doruk Gipfel
doruk noktası Höhepunkt
dost Freund(in)
dostça freundlich
doymuş satt
dönemeç Kurve
dönmek umkehren, zurückkehren
dönüş Rückfahrt
dönüş yolculuğu Heimreise
dört yol ağzı Kreuzung
döşeme Boden
döviz Devisen
döviz bürosu Wechselstube
döviz kuru Wechselkurs
dövmek schlagen, verprügeln
dram Drama
dua etmek beten
dudak Lippe
dul verwitwet
duman çıkarmak rauchen *(Feuer)*
dur! halt!
durak Haltestelle
durgunluk Flaute
durma Aufenthalt
durmak anhalten, halten, stehen bleiben
durulmak s. beruhigen
durum Lage, Situation
duş Dusche
duvar Mauer, Wand
duygu Gefühl
duymak fühlen, hören

düğün Hochzeit
dün gestern
dünya Welt
düş Traum
düşmek fallen, stürzen
düşük Fehlgeburt
düşünce Idee
düşünmek denken
düz eben, flach, gerade
düzenli regelmäßig
düzey Ebene

E

ebeveyn Eltern
eczane Apotheke, Drogerie
Efes Ephesus
eflatun lila
egzoz Auspuff
eğer falls, wenn
eğitim Ausbildung
eğlence Spaß, Vergnügen, Unterhaltung
eğlence parkı Freizeitpark
eğlenmek s. amüsieren
eğlenti Fest, Party
ehliyet Führerschein
ek Beilage, *(beim Brief)* Anlage
ek olarak zusätzlich
ekim Oktober
ekip Mannschaft
eklem Gelenk
eklemek hinzufügen
ekmek Brot
ekmekçi Bäckerei
eksik olmak fehlen
ekspres yol Schnellstraße
ekstra extra
ekşi sauer
el Hand

el çantası Handtasche
el freni Handbremse
el işi handgemacht
el işleri Kunstgewerbe
el koymak beschlagnahmen
el kremi Handcreme
elastik sargı Elastikbinde
elbette natürlich, freilich
elbise Kleid
elbise askısı (Kleider-)Haken, Kleiderbügel
elde etmek bekommen, erhalten
eldiven Handschuhe
elektrik Strom
elektrik bağlantısı Stromanschluss
elektrik düğmesi Lichtschalter
elektrik sigortası Sicherung
elektrikçi Elektrohandlung
elektrikli elektrisch
elektrikli ocak Elektroherd
elektrikli tekerlekli sandalye Elektrorollstuhl
elektrolit solüsyonu Elektrolytlösung
eltopu Handball
elverişsiz ungeeignet
emanet Gepäckaufbewahrung
emanet gişesi Gepäckschalter
emin sicher
emniyet kemeri Sicherheitsgurt
emniyet kontrolü Sicherheitskontrolle
emzik Saugflasche; Schnuller
en azından mindestens
en çok höchstens
en fazla höchstens
en iyi beste(r, -s)
en son endgültig, zuletzt
en yakın nächste(r, -s)
endikasyonlar Anwendungsgebiete *(bei Medikamenten)*
endişe etmek befürchten
endişelenmek s. Sorgen machen
enfeksiyon Infektion
enfeksiyöz ansteckend
enfes herrlich, ausgezeichnet
enformasyon Auskunft
engellemek hindern
engelli behindert, Behinderte(r)

engelliler birliği Behindertenverband
engelliler için özel park yeri Behindertenparkplatz
engelliler tuvaleti Behindertentoilette
engellilere uygun behindertengerecht
engelsiz barrierefrei
enginar Artischocken
enişte Schwager *(Mann der Schwester)*
enstantane Schnappschuss
ensülin Insulin
enteresan interessant
erdemsiz sittlich verdorben
erik Pflaume
erişmek erreichen
erkek Mann, männlich
erkek kardeş *(jüngerer)* Bruder
erkek mayosu Badehose
erken früh
ertelemek verschieben *(zeitlich)*
erzak Vorrat *(an Lebensmitteln)*
esans Parfüm
esas eigentlich
eski alt, ehemalig
eski şehir Altstadt
eskici Trödler
eskiden früher, ehemals
esmer braun *(Teint)*
esmerleşmiş gebräunt
eşarp Halstuch, Schal
eşek Esel
eşik Türschwelle
eşofman altı Jogginghose
eşya Sache
et Fleisch
etek Rock
etkileşmeler Wechselwirkungen
etkileyici beeindruckend
etmek tun
etrafında um ... (herum)
euro Euro
ev Haus, Wohnung
ev eşyaları Haushaltswaren
ev hayvanları Haustiere
ev numarası Hausnummer
ev sahibi Hausbesitzer(in), Gastgeber(in)
ev yemeği hausgemacht
evde daheim
evet doch

evli verheiratet
evlenmek heiraten
evren Welt
eylül September

F

fabrika Fabrik
fakat aber
fakir arm
faks Fax
faks makinesi Faxgerät
fanila Unterhemd
far Scheinwerfer
farkına varmak bemerken
fasulye Bohnen
fatura Rechnung
favoriler Koteletten
fazla mehr als
felaket Unglück, Katastrophe
felç Lähmung, Schlaganfall
fena böse, schlecht
fener kulesi Leuchtturm
feribot Fähre
fesleğen Basilikum
festival Festival
fevkalade herrlich, wunderbar
fıçıdan vom Fass
fıkra Witz
fındık Haselnuss
fırça Bürste
fırın Bäckerei; Backofen
fırında kızarmış gebacken

fırtına Sturm
fikir Idee, Meinung, Vorstellung
film Film
film artisti Filmschauspieler(in)
Fin hamamı Sauna
fincan Tasse
fincan tabağı Untertasse
firma Firma
fiş Stecker
fitil Zäpfchen
fitness salonu Fitnesscenter
fiyat Preis
...-in fiyatı 10 euro ... kostet 10 Euro
flaş Blitzgerät
flaşör Warnblinkanlage
folklor Folklore
folklor akşamı Folkloreabend
folklorik giysi (Volks-)Tracht
formunda fit
formül Formel, Zusammensetzung *(eines Medikaments)*
formüler Formular, Vordruck
fotoğraf Fotografie
fotoğraf dükkanı Fotogeschäft
fotoğraf makinesi Fotoapparat
fotoğraf çekmek fotografieren
fotometre Belichtungsmesser
fön Föhn
fön çekmek föhnen
Fransız Franzose, Französin; französisch
Fransızca Französisch *(Sprache)*
fren Bremse
fren yağı Bremsflüssigkeit
Frenk salatası Chicorée
fuar Messe, Ausstellung
fundalık Heide
futbol Fußball
futbol maçı Fußballspiel
futbol sahası Fußballplatz
futbol topu Fußball *(Ball)*
füme geräuchert

G

gala Premiere
galeri Galerie
galerici Kunsthändler(in)
gar Hauptbahnhof
garaj Garage
garanti Garantie
garson Bedienung, Kellner(in)
gayret etmek s. bemühen
gaz Gas; Blähungen
gaz bezi Mullbinde
gaz kartuşu/tüpü Gaskartusche
gaz ocağı Gasherd
gaz pedalı Gaspedal
gaz tüpü Gasflasche
gazete Zeitung
gazete bayii Zeitungshändler
gebelik Schwangerschaft
gece Nacht
gece kıyafeti Abendgarderobe
gece klübü Nachtklub
gece lambası Nachttischlampe
geceleme Übernachtung
gecelemek übernachten
geceleri jede Nacht
geceleyin nachts
geç spät
geçen pazartesi letzten Montag
geçenlerde kürzlich
geçerli gültig
geçici provisorisch
geçikme Verspätung
geçiş Übergang
geçit töreni Umzug, Festzug
geçme Übergang
geçmek überholen
geçmiş Vergangenheit
... geçti ... ist vorüber
gelecek nächste(r, -s), zukünftig; Zukunft
gelecek yıl nächstes Jahr
gelip geçişte auf der Durchreise
gelişmek s. entwickeln
geliştirmek entwickeln
gelmek kommen
gemi ehliyeti Bootsführerschein
genç Jugendliche(r), jung
geniş breit, weit
genişlik Breite, Größe
gerçek echt, wahr, wirklich
gerçekten wirklich

gerdanlık Halskette
gerekli notwendig
gerekmek brauchen
geri zurück
geri gelmek wiederkommen
geri geri rückwärts
geri getirme servisi Rückholservice
geri getirmek zurückbringen
geri gitmek zurückfahren, -gehen
geri vermek zurückgeben
geri vites Rückwärtsgang
gerilim filmi Thriller
geriye kalmak übrig bleiben
getirmek (her)bringen
gezi Ausflug
gezinmek spazieren gehen
gezinti Spaziergang
gezinti yapmak wandern
gezme Besichtigung
gezmek besichtigen
gıda Lebensmittel
gıda satış mağazası Lebensmittelgeschäft
gıda zehirlenmesi Lebensmittelvergiftung
gibi wie
giderler Unkosten
gidiş Abflug, Abfahrt, Fahrt
gidiş-dönüş bileti Rückfahrkarte
giriş Auffahrt, Einfahrt, Eingang, Einreise, Eintritt
giriş bileti Eintrittskarte
giriş ücreti Eintrittspreis
gişe Kasse *(im Kino, Theater, Stadion)*
gitmek gehen; weggehen, abreisen; fahren
... gitmiş ... ist weggegangen, ... ist fort
giydirmek jdn anziehen, ankleiden
giyim Kleidung
giymek anziehen *(Kleider)*
giysi Kostüm
gofret Waffel
gol Torschuss
golf Golf
golf kulübü Golfclub
golf sopası Golfschläger
göbek dansı Bauchtanz
göğüs Brust
gök Himmel
gökyüzü Himmel

göl See
gölge Schatten
gömlek Hemd
gönderen Absender
göndermek schicken
görme özürlü/engelli sehbehindert, Sehbehinderte(r)
görmek sehen; bemerken
görülmeye değer yerler Sehenswürdigkeiten
görümce Schwägerin *(Schwester des Ehemannes)*
görüş Meinung
gösteri Aufführung, Veranstaltung, Darbietung
göstermek zeigen
götürmek (weg)bringen
götürü elektrik parası Strompauschale
götürü fiyat Pauschalpreis
gövde Körper
göz Auge
göz damlası Augentropfen
gözden geçirmek s. ansehen
gözlükçü Optiker
grafik Grafik
gram Gramm
gramaj Gewicht
graten überbacken
gravür Radierung
greyfrut Grapefruit
gri grau
grip Grippe
grup Gruppe
güç schwer
güçlü stark
güçsüz schwach
gülmek lachen
gülünç lächerlich
gümrük Zoll
gümrük beyannamesi Zollerklärung
gümrük resimleri Zollgebühren
gümrüklü zollpflichtig
gümrüksüz zollfrei
gümrüksüz eşya mağazası zollfreier Laden
gümüş Silber; silbern
gümüş rengi silbern *(silberfarbig)*
gün Tag
gündüzleri immer tagsüber
gündüzleyin tagsüber
güneş Sonne
güneş çarpması Sonnenstich

güneş koruma faktörü Lichtschutzfaktor
güneş koruyucusu Sonnenschutz
güneş kremi Sonnencreme
güneş şapkası Sonnenhut
güneş yağı Sonnenöl
güneş yanığı Sonnenbrand
güneşli sonnig
güney Süden
güneyinde südlich von
günlük täglich
günlük bilet Tageskarte, Tagespass
günlük gezi Tagesausflug
günlük tur Tagestour
günün yemeği Tagesgericht
gürültü Lärm
gürültülü lärmend, laut
güven Vertrauen
güverte Deck
güzel hübsch, schön

H

haber Mitteilung, Nachricht
haber vermek benachrichtigen, informieren
haç Kreuz
hafif leicht
hafif ateşte kendi suyunda pişmiş gedünstet
hafifçe boyamak tönen *(Haare)*
hafta Woche
hafta sonu fiyatı Wochenendpauschale
hafta sonunda am Wochenende
haftadan haftaya wöchentlich
haftalık wöchentlich, Wochen-
haftalık bilet Wochenkarte, Wochenpass
hakaret Beleidigung
hakiki echt
hakim Richter(in)
halat Seil
halk Leute; Volk
halk müziği Volksmusik
hamam *(türkisches)* Dampfbad
hanedan Dynastie
... Hanım Frau ..., Fräulein ... *(Anrede mit dem Vornamen)*

hap Tablette
hapishane Gefängnis
hapşırmak niesen
harabe Ruine
harcamak ausgeben
harç Gebühren
hardal Senf
hareket Abfahrt
hareket etmek abfahren, abreisen
hareket tarifesi Fahrplan
hareketli lebhaft
hareketli film Actionfilm
harfleri söylemek buchstabieren
harika herrlich, wunderbar
harita Landkarte
hasta krank
hasta bakıcı Krankenpfleger(in)
hastahane Krankenhaus
hastalık Krankheit
haşlanmış jambon gekochter Schinken
hat Linie; Buslinie
hata Fehler, Irrtum
hatırlamak s. erinnern
hatırlatmak erinnern (jdn)
hava Luft
hava emniyeti ücreti Sicherheitsgebühr
hava pompası Luftpumpe
hava raporu Wetterbericht
hava tahmini Wettervorhersage
havaalanı Flughafen
havaalanı otobüsü Flughafenbus
havaalanı ücreti Flughafengebühr
havai fişek gösterisi Feuerwerk
havale Überweisung
havalimanı Flughafen
havlu Handtuch
havuç Karotte
havuz sorumlusu Bademeister
hayal kırıklığına uğramış enttäuscht
hayran Fan; begeistert
hayret etmek s. wundern
hayvan Tier
hayvanat bahçesi Zoo
hazım Verdauung
hazımsızlık Verdauungsstörung
hazır fertig, bereit
hazırlamak vorbereiten, zubereiten
haziran Juni

hecelemek buchstabieren
hedef Ziel
hediye Geschenk, Mitbringsel
hediye etmek schenken
hemen gleich, sofort
hemen hemen fast
hemşire Krankenschwester
hentbol Handball
henüz erst, noch
hepsi alle, alles
her jede(r, -s)
her ay jeden Monat
her bir ein jeder
her gün jeden Tag
her iki beide
her sene jedes Jahr
her şey alles
her yerde überall
her yıl jedes Jahr
her zaman immer
herkes jede(r, -s)
hesaba katmak beachten
hesap Konto; Rechnung
hesap etmek berechnen
heykel Plastik, Skulptur, Statue
heykeltraş Bildhauer
hırdavatçı Eisenwarengeschäft
hırka Strickjacke
hırsız Dieb
hırsızlık Diebstahl
hırsızlık etmek stehlen
hız Geschwindigkeit
hızlı schnell
hiç nichts; gar nicht
hiç bir kein
hiç bir şey nichts
hiç bir yerde nirgends
hiç bir zaman nie
hiç kimse niemand
hiç olmazsa mindestens, wenigstens
hiddetli wütend
hidrofoil bot Tragflügelboot
hikaye Geschichte, Erzählung
hile Schwindel, Betrug
Hindistan cevizi Kokosnuss
his Gefühl
hisar Festung
hissetmek fühlen
hoparlör Lautsprecher
horlamak schnarchen
hortum Schlauch
hostes Steward(ess)
hoş angenehm, entzückend, hübsch
hoş olmayan unangenehm

hoş vakit geçirmek s. amüsieren
hoşa gitmek gefallen
hoşnut froh, zufrieden
... hoşuma/hoşumuza/hoşuna gidiyor ... gefällt mir/uns/ihm
Hristiyanlık Christentum
hurma Datteln
hususi speziell
huzursuzlanmak s. beunruhigen
hükümet Regierung
hüviyet Personalausweis

I

ılıca Badeort
ırmak Fluss, Strom
ırza geçme Vergewaltigung
ısı Temperatur
ısırmak beißen
ıslak nass
ısmarlama Bestellung
ıspanak Spinat
ışığa duyarlılık Filmempfindlichkeit
ışık Licht
ızgara Grill
ızgara kavı Grillanzünder
ızgarada vom Grill

İ

iç çamaşır Unterwäsche
iç lastik Schlauch *(vom Reifen)*
içecek Getränk
içeride drin, drinnen
içerik Inhalt
için für
içinde drin, drinnen
içinde in, innerhalb von

içine in, in ... hinein
içki satış yeri Spirituosengeschäft
içme suyu Trinkwasser
içme şişesi Trinkflasche
içmek trinken
idare Verwaltung
iddia etmek behaupten
idrar Urin
iğne Nadel; Spritze; Brosche
iğne yapmak eine Spritze geben, injizieren
ikamet etmek wohnen
ikametgah Wohnort
iken als, während
iki katlı yatak Etagenbett
ikinci zweite(r, -s)
ikinci olarak zweitens
ikincisi zweitens
ikisi beide
iklim Klima
ikram etmek anbieten
ilaç Medikament, (Heil)mittel
ilave etmek hinzufügen
ile mit
ile beraber zusammen mit
ile birlikte zusammen mit
ileri vorwärts
ileri sürmek behaupten
ilgilenmek (ile) s. interessieren (für); s. kümmern (um)
ilginç interessant
ilişik Anlage
ilişki Kontakt
ilk erste(r, -s)
ilk önce zuerst
ilk yardım erste Hilfe
ilkbahar Frühling
ilkin erst
iltihap Entzündung
imdat freni Notbremse
imdat kapısı Notausgang
imdat telefonu Notrufsäule
imkansız unmöglich
imparator/imparatoriçe Kaiser/Kaiserin
imza Unterschrift
imzalamak unterschreiben
inanmak glauben
ince dünn, fein; schlank
ince puro Zigarillo
inci Perle
incik boncuk Modeschmuck
incir Feigen
incitmek verletzen, wehtun
indirim Ermäßigung, Rabatt

infüzyon Infusion
İngiliz Engländer(in); englisch
İngilizce Englisch *(Sprache)*
iniş Landung
inme Schlaganfall
inmek aussteigen
insan Mensch; man
insanlar Leute
inşaat yeri Baustelle
İnter Rail Interrail
ip Seil
ipek Seide
ipek boyama Seidenmalerei
iptal ettirmek stornieren
iri groß
irin Eiter
ise falls
ishal Durchfall
isim Name
iskele (Boots-)Steg, Anlegesteg
iskemle Hocker
ispirto Brennspiritus
istasyon Bahnhof; Station
istemek wollen
istikamet Richtung
istiridye Austern
İsviçre Schweiz
İsviçre frankı Schweizer Franken
İsviçreli Schweizer(in)
iş Arbeit, Beruf
iş arkadaşı Kollege/Kollegin
iş günleri wochentags
iş günü Werktag
işaret Zeichen
işitme Gehör
işitme özürlü hörgeschädigt
işitmek hören
işlem harcı Bearbeitungsgebühr
işlem yapmak einchecken
işlemek funktionieren
işsiz arbeitslos
iştah Appetit
itfaiye Feuerwehr
itibaren ab *(zeitlich)*
itimat Vertrauen
ivedi dringend, eilig
iyi gut
iyice kızartılmış durchgebraten
izin verilen zulässig
izolasyonlu çanta Kühltasche

J

jambon Schinken
jilet Rasierklingen
jimnastik Gymnastik
jogging yapmak joggen

K

kabahat Schuld
kabak Kürbis
kabakulak Mumps
kabare Kabarett
kabareci Kabarettist(in)
kabarmış geschwollen
kabız Verstopfung
kabin Kabine
kabul etmek aufnehmen; *(Einladung)* zusagen; akzeptieren
kaçakçılık Schmuggel
kaçırmak verpassen
kadar bis
kadeh Weinglas
kadın Frau
kadın mayosu Badeanzug
kadın pedi Damenbinde, Slipeinlage
kağıt Papier
kağıt mendil Papiertaschentuch
kağıt peçete Papierserviette
kahkül Pony *(Frisur)*
kahvaltı Frühstück
kahvaltı büfesi Frühstücksbüfett
kahvaltı etmek frühstücken
kahvaltı salonu Frühstücksraum
kahve Kaffee
kahve makinesi Kaffeemaschine
kahvehane Café
kahverengi braun
kakao Kakao
kalça Hüfte
kaldırma asansörü Hublift
kale Burg, Festung; *(Sport)* Tor
kaleci Torwart
kalıntılar Überreste
kalite Qualität
kalkış Abfahrt, Abflug
kalkmak aufstehen; abfahren, abfliegen

kalmak s. aufhalten, bleiben
kalorifer Heizung, Zentralheizung
kalp Herz
kalp enfarktüsü Herzinfarkt
kalp krizi Herzanfall
kalp pili Herzschrittmacher
kalp rahatsızlığı Herzbeschwerden
kalp sektesi Herzinfarkt
kalpten herzlich
kambiyo rayici Wechselkurs
kamış Strohhalm
kamp Camping
kamp yapmak zelten
kamping alanı Campingplatz
kamusal öffentlich
kamyon Lastwagen
kamyonet Pick-up
kan Blut
kan dolaşımı bozukluğu Kreislaufstörung
kan dolaşımı ilacı Kreislaufmittel
kan grubu Blutgruppe
kan zehirlenmesi Blutvergiftung
kanal Kanal
kanama Blutung
kanamak bluten
kanat Flügel
kanca Haken
kandırma Betrug
kanıt Zeichen
kano Kanu
kanser Krebs *(Krankheit)*
kap Behälter; Gang *(Essen)*
kap kaçak Geschirr
kapalı geschlossen, zu
kapamak verschließen
kapı Tor, Tür
kapı genişliği Türbreite
kapı kodu Türcode
kapıcı Portier
kaplıca Badeort *(mit Heilbad)*
kapsam Inhalt
kaptan Kapitän
kaput Motorhaube
kar Schnee
kar lastiği Winterreifen
kara schwarz; Festland, Land
kara ekmek Schwarzbrot
kara humma Typhus
kara yolu Landstraße
karabiber Pfeffer
karaciğer Leber

karaciğer ezmesi Leberpastete
karada gezi Landausflug
Karaman kimyonu Kümmel
karanfil Nelken
karanlık dunkel
karar vermek entscheiden
kararlaştırma Verabredung, Vereinbarung
kararlaştırmak vereinbaren
karavan Wohnwagen
karaya çıkış Landausflug
kardeş *(jüngerer)* Bruder, *(jüngere)* Schwester
karı Ehefrau
karın Bauch
karın altı Unterleib
karışık gemischt
karıştırmak verwechseln
karides Garnelen
karnabahar Blumenkohl
karpuz Wassermelone
karşı gegen
karşılama salonu Empfangshalle
karşılamak *(Personen)* abholen; *(Gast)* begrüßen, empfangen; *(Schaden)* ersetzen
karşılaşmak s. begegnen
karşılıklı alıp vermek austauschen
karşısında gegenüber
karşıt Gegenteil
kartpostal Ansichtskarte, Postkarte
kas Muskel
kas gerilmesi Zerrung
kasa Kasse, Safe
kasaba Kleinstadt
kasap Metzgerei
kasık fıtığı Leistenbruch
kasım November
kask Sturzhelm
kasket Mütze
kaşık Löffel
kaşınmak jucken
kat Etage, Stock(werk)
kat kat kesim Stufenschnitt
katedral Dom, Kathedrale
katı hart
katılmak teilnehmen
katlanabilir tekerlekli sandalye Faltrollstuhl
kaval kemiği Schienbein
kavrulmuş geröstet
kavun Honigmelone

kaya Fels
kayak Ski
kayak ayakkabısı Skistiefel
kayak gözlüğü Skibrille
kayak hocası Skilehrer(in)
kayak kursu Skikurs
kayak pantolonu Skihose
kayak parkuru/yolu Loipe
kayak sopaları Skistöcke
kayak yapmak Ski laufen
kaybetmek verlieren
... kaybolmuş ... ist verschwunden
kaydettirmek anmelden
kayın Schwager *(Bruder der Ehefrau/des Ehemannes)*
kayıp eşya bürosu Fundbüro
kayısı Aprikose
kayıt Anmeldung
kaykay Skateboard
kaymak Sahne
kaynak Quelle
kaynamak kochen, sieden
kaza Unfall
kazak Pullover
kazanç Gewinn
kazanmak gewinnen
kazaya uğramak verunglücken
kazı Ausgrabung
kazık Hering *(fürs Zelt)*
kazılar Ausgrabungen
kazıma resimi Radierung
keçi peyniri Ziegenkäse
kederli traurig
kedi Katze
kefalet Kaution
kelime Wort
kemer Bogen, Gürtel
kemik Knochen
kemik kırılması Knochenbruch
kendileri sie selbst
kendiliğinden von selbst, automatisch
kendim ich selbst
kendimiz wir selbst
kendin du selbst
kendini kaydettirmek sich anmelden
kendiniz ihr selbst
kendisi er/sie selbst
kent Stadt
kepek Schuppen *(im Haar)*
kereviz Sellerie
kermes Kirmes
kesekağıdı Papiertüte
kesik Schnittwunde

kesilmek aufhören
kesin bestimmt, endgültig
kestirme Abkürzung
keşfetmek entdecken
ketçap Ketchup
keten Leinen
kıl Körperhaar
kılavuz Fremdenführer(in)
kılçık Gräte
kılıç balığı Schwertfisch
kına Henna
kırarak açmak *(Schloss, Auto)* aufbrechen
kırık Knochenbruch; gebrochen
kırık tahtası Schiene
kırılmış gebrochen
kırmızı rot
kırmızı şarap Rotwein
kırmızıbiber Paprika
kırtasiye Schreibwaren
kırtasiye mağazası Schreibwarengeschäft
kısa kurz
kısa çorap Söckchen
kısa devre Kurzschluss
kısa far Abblendlicht
kısa film Kurzfilm
kısa mesaj SMS
kısa vadeli kurzfristig
kısaltma Abkürzung *(eines Wortes)*
kısım Stück, Teil
kısmi kasko sigortası Teilkasko
kış Winter
kıyafet Kleidung
kıyı Küste, Ufer
kıyma Hackfleisch
kıymetli eşya Wertsachen
kız Mädchen; junge Frau
kız (çocuk) Tochter
kız kardeş *(jüngere)* Schwester
kızak Schlitten
kızamık Masern
kızamıkçık Röteln
kızartılmış geröstet
kızgın böse, verärgert, wütend
kızlık soyadı Geburtsname
kızmak s. ärgern
ki dass
kibar höflich
kibrit Streichholz
kil Tonerde
kilise Kirche
kilise kulesi Kirchturm
kilit Schloss, Verschluss

kilitlemek abschließen, verschließen
kilitli bagaj kutusu Schließfach
kilo Kilogramm
kilo almak zunehmen *(an Gewicht)*
kilo vermek abnehmen *(an Gewicht)*
kilometre Kilometer
kilometre saati Tachometer
kilometre ücreti Kilometerpreis
kimlik Ausweis, Personalausweis
kimlik bilgileri Personalien
kira Miete
kiralamak mieten, vermieten
kiraya vermek vermieten
kiraz Kirschen
kirli schmutzig
kişi Person
kişisel persönlich
kitabe Inschrift
kitabevi Buchhandlung
kitap Buch
klasik film Klassiker *(Film)*
klasik müzik klassische Musik
klima (tesisatı) Klimaanlage
koca Ehemann
koğuş (Krankenhaus)station
koklamak riechen *(Geruch wahrnehmen)*
kokmak riechen *(Geruch ausströmen)*
koku Geruch
kokuşmuş verdorben *(Essen)*
kol Arm, Ärmel
kol saati Armbanduhr
kolay einfach, leicht
kolera Cholera
kolik Kolik
koltuk Sessel
koltuk değneği Krücke
kolye Kette, Kollier
komedi Komödie
komodin Nachttisch
kompartıman Abteil
komşu Nachbar(in)
konaklamak übernachten
kondüktör Schaffner(in)
konforlu bequem
konser Konzert
konserve Konservendose
konserve açacağı Dosenöffner
konsolosluk Konsulat
kontak Kontakt; Kurzschluss; Zündung

kontak anahtarı Zündschlüssel
kontrat Vertrag
kontrendikasyonlar Gegenanzeigen
kontrol etmek kontrollieren
kontrolcü Kontrolleur(in)
konu Inhalt *(eines Buches, Films)*
konuk Gast
konukseverlik Gastfreundschaft
konuşma Gespräch
konuşmak reden, sprechen, s. unterhalten
konut Wohnung
kopya Kopie
koridor Gang, Flur
korkmak befürchten, erschrecken
korkmak s. fürchten
korkunç fürchterlich, schrecklich
korna Hupe
koro Chor
kostüm Kostüm
koşmak laufen, rennen
kovboy filmi Western
koy Bucht
koymak legen
koyu dunkel *(Farbe)*
koyu mavi/koyu yeşil dunkelblau/dunkelgrün
koyun eti Hammelfleisch
kozmetik ürünleri Drogerieartikel
köpek Hund
köprü Brücke
köprücük schmale Brücke, Steg
köprücük kemiği Schlüsselbein
kör blind, Blinde(r)
körfez Bucht
körler alfabesi Blindenschrift
körler köpeği Blindenhund
köşe Ecke
köşk Villa
kötü böse; hässlich; schlecht
kötü kokmak stinken
köy Dorf, Ortschaft
kral/kraliçe König/Königin
kramp Krampf
kravat Krawatte
kredi kartı Kreditkarte
krem beige; Creme
kremşanti Schlagsahne
kriko Wagenheber
kristal Kristall

kron Zahnkrone
kubbe Kuppel
kubbeli tavan Gewölbe
kulak Ohr
kulak damlası Ohrentropfen
kulak zarı Trommelfell
kulaklık Kopfhörer
kule Turm
kullanım şekli ve dozu Dosierungsanleitung
kullanmak benutzen; *(Fahrzeug)* fahren, lenken
kulübe Hütte, Schutzhütte
kulüp evi Clubhaus
kum havuzu Sandkasten
kum kalesi Sandburg
kumarhane Spielkasino
kumaş Stoff, Tuch
kumsal Sandstrand
kurs Kurs
kurtçuk Made
kuru trocken
kuru pasta Gebäck
kuru saç trockenes Haar
kuru temizleme chemische Reinigung
kuru temizleyici Reinigung *(Geschäft)*
kurulama bezi Geschirrtuch
kurutmak trocknen
kuruyemiş Trockenfrüchte und Nüsse
kusur Fehler, Makel, Unzulänglichkeit
kuş Vogel
kuş cenneti Vogelschutzgebiet
kuşetli vagondaki yer Liegewagenplatz
kuşkonmaz Spargel
kutlamak gratulieren
kutsal heilig
kutu Dose
kuvvetli stark
kuyu Brunnen, Schöpfbrunnen
kuyumcu Juwelier
kuyumculuk Goldschmiedekunst
kuzen/kuzin Cousin/Cousine
kuzey Norden
kuzeyinde nördlich von
kuzu eti Lammfleisch
küçük klein
küçük francala Brötchen
küçük Hindistan cevizi Muskatnuss
küçük kilise Kapelle

küçük paket Päckchen
küçük sahne Kleinkunstbühne
kül tablası Aschenbecher
külot Slip, Unterhose
külotlu çorap Strumpfhose
kültür Kultur
küme Gruppe
küpe Ohrringe
kürdan Zahnstocher
kürek Ruder
kürek çekmek paddeln, rudern
kürek sporu Rudern
kürekli kayık Ruderboot
kürk Fell
küvet Badewanne

L

lahana Kohl
lamba Lampe
lastik Reifen
lastik başlık Bademütze
lastik bot Schlauchboot
lastik çizme Gummistiefel
lavabo Waschbecken; Waschraum
lazım olmak brauchen
...-le/-la mit ...
leke Fleck(en)
levha (Hinweis)schild
levrek balığı Barsch
lezzetli lecker
lif kopması Bänderriss
liman Hafen
limon Zitronen
limonata Limonade
lisan Sprache
litre Liter
loca Loge
lor Quark
lumbago Hexenschuss
lunapark Vergnügungspark
lüks luxuriös
lüle Locke

M

maalesef leider
maç Match, Wettkampf, Spiel
madde Stoff, Substanz
maden suyu Mineralwasser
madeni para Münze
magazin Illustrierte
mağara Grotte, Höhle
mahalle Stadtteil
mahkeme Gericht
makarna Nudeln
makas Schere
makbuz Quittung
makina/makine Maschine
malzeme Material
mana Bedeutung
manastır Kloster
manav Obst- und Gemüsehändler(in)
mandalina Mandarine
manto Damenmantel
manzara Aussicht, Ausblick; Landschaft
manzaralı yer Aussichtspunkt
margarin Margarine
marmelat Marmelade
marş Anlasser
mart März
martı Möwe
masa Tisch
masa örtüsü Tischtuch
masa tenisi Tischtennis
masaj Massage
maskara Wimperntusche
masraflar Unkosten
mavi blau
maydanoz Petersilie
mayıs Mai
mayo Badeanzug; Badehose
mayonez Mayonnaise
mecburi istikamet Umleitung
mecmua Zeitschrift
mektup Brief
mektup kağıdı Briefpapier
memleketli Landsmann
memnun froh, zufrieden, erfreut
meraklı neugierig
mercek Linse
mercimek Linsen
merdiven Treppe
merhem Salbe
merkez Zentrum
merkezi zentral
meslek Beruf

meslektaş Kollege/Kollegin
mesut glücklich
meşgul besetzt *(WC, Telefon)*
meşhur berühmt
met Flut
metre Meter
metre kare Quadratmeter
metro S-Bahn®, U-Bahn
mevki Klasse *(im Zug)*
mevsim Jahreszeit, Saison
meydan Platz *(in der Stadt)*
meydana gelmek stattfinden
meyhane Kneipe
meyva Obst
meyvalı gazoz Limonade
mezar Grab
mezarlık Friedhof
meze Vorspeise
mısır Mais
mide Magen
mide ağrısı Magenschmerzen
mide bulantısı Brechreiz, Übelkeit
mide yanması Sodbrennen
midilli Pony *(Pferd)*
midye Muschel
migren Migräne
mikrodalga fırını Mikrowelle
miktar Betrag
milimetre Millimeter
milli park Nationalpark
mimar Architekt
mimarlık Architektur
minibar Minibar
minigolf Minigolf
misafir Gast, Besuch
misafirperverlik Gastfreundschaft
misal Beispiel
miskin faul
mobil telefon Mobiltelefon
mobilya Möbel
moda Mode
model Modell
modern modern
mola Rast; *(Zug)* Aufenthalt
mor violett
motokaravan Wohnmobil
motor Motor
mozaik Mosaik
mönü Menü
muayene Untersuchung
muayene saati Sprechstunde
mum Kerze
musluk Wasserhahn
mutfak Küche

mutfak lavabosu Geschirrspülbecken
mutlaka bestimmt; unbedingt
mutlu glücklich
muz Banane
müdür Chef
müdürlük Direktion
mükafat Belohnung
mükemmel ausgezeichnet
mümkün möglich
müshil Abführmittel
müsli Müsli
müşteri Kunde/Kundin
müze Museum
müzik Musik
müzik dinlemek Musik hören
müzik grubu Band
müzik yapmak musizieren
müzikal Musical

N

nabız Puls
nadir selten, rar
nadiren selten
nakden bar
nakış Stickerei
nakit (para) Bargeld
namaz kılmak beten, das rituelle Gebet verrichten *(im Islam)*
narkoz Narkose
nasıl wie
natürmort Stillleben
nazik höflich, liebenswürdig, nett
ne was
ne yazık ki leider
ne yazık! schade!
neden olmak verursachen
nefes alma cihazı Sauerstoffgerät
nefes alma güçlüğü Atembeschwerden
nehir Fluss, Strom
nemli feucht
neopren elbise Neoprenanzug
neredeyse fast

neşe Vergnügen
neşeli lustig
nezle Schnupfen
nihayet endlich
nine Großmutter
nisan April
nişanlı Verlobte(r)
nitelik Qualität
Noel Bayramı Weihnachten
Noel Gecesi Heiliger Abend
nohut Kichererbsen
normal normal
normal olarak normalerweise
notebook Notebook
nöbet titremesi Schüttelfrost
numara Nummer
numaralı bilet Platzkarte
numarayı çevirmek wählen *(Telefonnummer)*
nü Akt *(Bild)*
nüfus Einwohner(schaft), Einwohnerzahl
nükte Witz

O

o er/sie/es; jene(r, -s)
o zaman damals
objektif Objektiv
ocak Herd, Kocher; Januar
oda Zimmer, Raum
oda hizmetçisi Zimmermädchen
oda telefonu Zimmertelefon
oda tiyatrosu Kleinkunstbühne
odun Brennholz
odun kömürü Grillkohle
ofsayt Abseits *(beim Fußball)*
oğlan Junge
oğul Sohn
oje Nagellack
okul Schule
okul çocukları Schulkinder
okumak lesen; lernen, studieren
olabilir wahrscheinlich, kann sein
olağan gewöhnlich, üblich
olağanüstü außergewöhnlich
olanaksız unmöglich
olası möglich, wahrscheinlich
olay Zwischenfall

oldukça ziemlich
olgun reif
olmak werden; sein
olta Angel
olta ile balık avlamak angeln
olumsuz negativ
oluşmak bestehen aus
omuz Schulter
omuz çantası Umhängetasche
on dakika önce vor zehn Minuten
onarmak reparieren
onaylamak bestätigen
ondan sonra danach
onlar sie *(3. Pers. Pl.)*
onların ihr(e) *(3. Pers. Pl.)*
onun ihr(e)/sein(e)
opera Oper
operatör Chirurg(in)
operet Operette
orada da, dort
ordövr Vorspeise
orijinal Original
orijinal çekim Originalfassung
orkestra Orchester
orkestra şefi Dirigent(in)
orkid® Slipeinlage
orman Wald
orta Mitte
orta kulak iltihabı Mittelohrentzündung
Ortaçağ Mittelalter
ortak gemeinsam; Partner
ortalama durchschnittlich
ortasından (quer) durch
ortaya çıkarmak entdecken
otobüs Bus
otobüs garajı Busbahnhof
otogar Busbahnhof
otomat Automat
otomatik automatisch
otomatik deklanşör Selbstauslöser
otomatik kapı otomatiği automatische Türöffnung
otomatik vites Automatik(getriebe)
otomobil Auto
otopark Parkplatz
otostop yapmak trampen
otoyol Autobahn
otoyol ücreti Autobahngebühr
oturacak yer Sitzplatz
oturma salonu Wohnzimmer
oturmak sitzen; wohnen
ova Ebene

ova istasyonu Talstation
oymacılık Schnitzerei *(Kunsthandwerk)*
oynamak spielen; tanzen
oyun Spiel
oyun arkadaşı Spielkamerad
oyuncak Spielsachen
oyuncakçı Spielwarengeschäft

Ö

öbür gün übermorgen
ödeme Zahlung
ödemek auszahlen, bezahlen
ödemeli konuşma R-Gespräch
ödül Belohnung, Preis
ödünç almak leihen *(von jdm)*
ödünç vermek leihen *(jdm)*
öfkeli wütend
öğle yemeği Mittagessen
öğleden önce Vormittag; vormittags
öğleden önceleri vormittags *(jeden Vormittag)*
öğleden sonra Nachmittag; nachmittags
öğleden sonraları jeden Nachmittag
öğleleri jeden Mittag
öğlen Mittag
öğleye doğru gegen Mittag
öğleyin mittags
öğrenim yapmak studieren
öğrenmek lernen
öğüt Tipp, Ratschlag
ökçe Schuhabsatz
öksürük Husten
öksürük şurubu Hustensaft
ön vordere(r, -s); Vorderseite
ön ad Vorname
ön cam Windschutzscheibe
ön taraf Vorderseite; Fassade
önce zuerst, vorher; vor *(zeitlich)*
önceden bereits, im Voraus
önceki gün vorgestern
önde vorn
önem Bedeutung, Wichtigkeit
önemli wichtig
önemsiz unwichtig
öneri Vorschlag
önsatış Vorverkauf
önünde vor *(örtlich)*
önünden an ... vorüber

önüne vor *(Richtung)*
öpmek küssen
öpücük Kuss
öpüş Kuss
örnek Beispiel
örtü Betttuch, Tischtuch
ötürü wegen
öyleyse in diesem Fall, dann
özel extra, speziell; privat
özel pul Sondermarke
özel ulakla gönderilen mektup Eilbrief
özel yemek Spezialität
özellikle besonders
özgür frei
özür Entschuldigung
özür dilemek s. entschuldigen
özürlü kimlik kartı Behindertenausweis

P

padılbot Paddelboot
pahalı teuer
paket Paket, Verpackung
paketlemek einpacken
palet Schwimmflossen
palto Wintermantel
pamuk Baumwolle, Watte
pamuklu çöp Wattestäbchen
panayır Jahrmarkt
pandantif Anhänger *(Schmuck)*
pansiyon Pension
pansuman yapmak verbinden
Pantkot Yortusu Pfingsten
pantolon Hose
papatya çayı Kamillentee
papyon Fliege *(Krawattenart)*
para Geld
para birimi Währung
para cezası Bußgeld, Geldstrafe
para değiştirme Geldwechsel
para havalesi Geldanweisung
para ile ödemek bar zahlen
para kuponu Gutschein
parasız gratis

paraşütçülük Fallschirmspringen
parça Stück, Teil
parfüm Parfüm
parfümeri Parfümerie
park Park, Grünanlage
park lambası Standlicht
park yapmak/etmek parken
park yeri Parkplatz
parmak Finger
parter Parkett
parti Party
pas Pass *(beim Fußball)*
pasaport Reisepass
pasaport kontrolü Passkontrolle
Paskalya Ostern
pasta Kuchen
pastane Konditorei
patates Kartoffel
paten Inliner, Rollschuh; Schlittschuh
patinaj Eislauf
patlak Platten
patlıcan Aubergine
pazar Basar, Markt; Sonntag
pazar günü Sonntag; am Sonntag
pazarlık etmek feilschen
pazartesi Montag
peçete Serviette
ped Damenbinde
pedallı sandal Tretboot
pehriz Diät
pehriz yemeği Schonkost
pek sehr, (all)zu
pembe rosa
pembe şarap Roséwein
pencere Fenster
pencere kenarındaki yer Fensterplatz
pençe Schuhsohle
perçem Pony
perde Vorhang; *(Theater)* Akt
perma Dauerwelle
peron Bahnsteig
perşembe Donnerstag
peruk Perücke
peşin im Voraus
peşin ödemek bar zahlen
petrol Petroleum
peynir Käse
pırasa Lauch
pil Batterie
piliç Hähnchen
pilot Pilot(in)

ping pong Tischtennis
pipo içmek Pfeife rauchen
pirinç Reis
pirinç pilavı *(gekochter)* Reis
pirzola Kotelett
pis schmutzig
pis kokmak stinken
pişirme köşesi Kochnische
pişirmek kochen *(Essen zubereiten)*
pişmiş gar, gekocht
plaj Badestrand; Badeort
plaj ayakkabısı Strandschuhe
plaj sorumlusu Bademeister *(am Strand)*
plaj terliği Badeschuhe
plaj voleybolu Beachvolleyball
plaka Nummernschild
planörcülük Segelfliegen
plaster Pflaster
plastik Plastik, Kunststoff
plastik poşet Plastikbeutel
polaroid fotoğraf makinesi Sofortbildkamera
polis Polizei
polis Polizist(in)
polis arabası Polizeiwagen
polise bildirmek anzeigen
pompa Luftpumpe
porselen Porzellan
porsiyon Portion
portakal Orange
portakal suyu Orangensaft
portatif CD çalar tragbarer CD-Spieler
portre Porträt
post Fell
posta kodu Postleitzahl
posta kutusu Briefkasten
posta ücreti Porto
postane Post
postrestant postlagernd
poşet Tüte
pratik praktisch
prezervatif Kondom, Präservativ
priz Steckdose
program Programm, Spielplan
program dergisi Programmheft
prospektüs Prospekt
protez Prothese
prova Probe, Einübung
prömiyer Premiere
pudra Puder
pul Briefmarke; Schuppen *(vom Fisch)*

pul otomatı Briefmarkenautomat
pul yapıştırmak frankieren
puro Zigarre
pusula Kompass

R

radar kontrolü Radarkontrolle
radyatör Kühler
radyatör suyu Kühlwasser
radyo Radio
rahat angenehm, bequem, gemütlich; gelassen; *(seelische)* Ruhe
rahatsız etmek belästigen, stören
rahip Priester
raket (Tennis-, Federball-)-schläger
rampa Rampe, Auffahrtrampe
randevu Verabredung, Treffen; Arzttermin
rapor Attest
rasathane Sternwarte
rasgele zufällig
rastgelmek *(zufällig)* treffen
rastlamak begegnen
ray Schiene
reçel Marmelade
reçete Rezept
reçete yazmak verschreiben
reddetmek ablehnen, dagegen sein
refakat etmek begleiten
refakatçi Begleitperson
rehber Führer(in)
rehberli tur Führung
rehin Pfand
reji Regie
renkli bunt, farbig
repertuar Spielplan
resepsiyon Rezeption
resim Bild, Gemälde, Zeichnung
resim çizmek zeichnen
resim defteri Malbuch
resim sanatı Malerei
resim yapmak malen
resmi offiziell
resmi daire Amt, Dienststelle
ressam Maler(in)
ressamlık Malerei
rezene Fenchel

rezervasyon Buchung, Reservierung, Voranmeldung
rezerve etmek reservieren
rıhtım Kai
rica Bitte
rica etmek bitten
rimel Wimperntusche
ringa balığı Hering *(Fisch)*
rock müzik Rockmusik
roman Roman
romatizma Rheuma
rota Route
röfle Strähnchen
rölanti Leerlauf
röntgen filmi Röntgenaufnahme
röntgen çekmek röntgen
rötar Verspätung
ruj Lippenstift
Rum griechisch; byzantinisch; oströmisch
rüya Traum
rüzgar Wind
rüzgar hızı Windstärke
rüzgar sörfü Windsurfen
rüzgar sörfü yapmak windsurfen
rüzgar yönü Windrichtung

S

saat Stunde; Uhr
saat ... sularında um ... Uhr herum
saat ...-de um ... Uhr
saat tamircisi Uhrmacher
saatçi Uhrmacher
saatte bir stündlich
sabah Morgen
sabahları jeden Morgen
sabahleyin morgens
sabır Geduld
sabun Seife
saç Haar, Haare *(auf dem Kopf)*
saç biçimi Frisur
saç jölesi Haargel
saç kurutma makinesi Föhn
saç lastiği Haargummi
saç losyonu Haarfestiger
saç tokası Haarklammer
saçı ayırma cizgisi Scheitel
saçını kesmek jdn frisieren
saçını taramak die Haare kämmen
safra kesesi Gallenblase
safran Safran
sağ rechte(r, -s)

sağanak Regenschauer
sağda/sağa rechts/nach rechts
sağır gehörlos; Gehörlose(r)
sağır dilsiz taubstumm; Taubstumme(r)
sağırlar dili Gebärdensprache
sağlam fest, sicher; gesund; stark
sağlık donatımı Sanitäreinrichtungen
sağlık sigortası Krankenkasse
sağlık sigortası belgesi Krankenschein
sağlıklı gesund
saha Feld, Bereich
sahil Küste, Ufer
sahip Besitzer(in), Eigentümer(in)
sahneye koyma Inszenierung
sakal Bart
sakarin Süßstoff
sakin still, ruhig
sakinleşmek s. beruhigen
saklamak aufbewahren
salam Salami
salata Salat
salata büfesi Salatbüfett
salata sosu Dressing
salatalık Gurke
salça Ketchup, Soße
saldırı Überfall
salı Dienstag
salık vermek empfehlen
salon Aufenthaltsraum, Saal
salt nur
saman nezlesi Heuschnupfen
samimi herzlich
sana dir
sanat Kunst
sancı *(stechender/bohrender)* Schmerz
sandal Sandale; Boot
sandalet Sandalette
sandalye Stuhl
sandviç belegtes Brötchen
sandviççi Imbissbude
saniye Sekunde
santimetre Zentimeter
sapa yol Umweg
saptanan gün Termin
sara Epilepsie
saray Palast, Schloss
sarf etmek ausgeben
sargı Verband
sarı gelb
sarı sayfalar Gelbe Seiten®

sarışın blond
sarih ausdrücklich
sarkıntılık sexuelle Belästigung
sarmak verbinden
sarımsak Knoblauch
sarp steil
sarp kaya Felswand
sataşmak belästigen
satın almak einkaufen
satmak verkaufen
sauna Sauna
sayfa Seite, Buchseite
sayı Zahl
saymak zählen
seans Vorstellung
sebep olmak verursachen
sebze Gemüse
seçme Auswahl
seçmek aussuchen, wählen
sedir Schlafcouch
sehpa Stativ
sek trocken *(Wein)*
selamlamak begrüßen
selfservis Selbstbedienung
selofan Frischhaltefolie
sembol Wahrzeichen
sempatik sympathisch
semt Stadtteil
sen du
sene Jahr
senfoni konseri Sinfoniekonzert
seni dich
senin dein(e)
sepet Korb
seramik Keramik
serbest frei
sergi Ausstellung
sergilenen eser Exponat
serin frisch, kühl
serinleme Erfrischung
sermek ausbreiten
sert hart, zäh
servis Bedienung
servis otobüsü Transferbus
servis takımı Gedeck
servis yapmak servieren
ses Geräusch, Ton
sesi kısık heiser
sessiz leise, ruhig, still, stumm
sessizlik Stille, Ruhe
set Deich
seve seve gern
severek gern
sevgi Liebe
sevgili Geliebte(r)

sevgilim Liebling *(als Anrede)*
sevimli entzückend, liebenswürdig, nett
sevinmek s. freuen
sevmek lieben, gern haben
seyahat Reise
seyahat acentası Reisebüro
seyahat çantası Reisetasche
seyahat çeki Reisescheck
seyahat etmek verreisen
seyahat grubu Reisegesellschaft
seyahat kılavuzu Reiseführer
seyirci Zuschauer(in)
seyretmek zuschauen
sezon Saison
sezon öncesi Vorsaison
sezon sonrası Nachsaison
sıcak warm
sıcak dalgası Hitzewelle
sıcak hava balonu Heißluftballon
sıcak su warmes Wasser
sığır eti Rindfleisch
sığmak hineinpassen
sıhhatli gesund
sık häufig
sık sık oft
sıkı fest, hart
sınıf (Schul)klasse
sınır Grenze
sınır kapısı Grenzübergang
sıra Sitzbank
sıradan durchschnittlich
... sırasında während ...
sırt Rücken
sırt ağrısı Rückenschmerzen
sırt çantası Rucksack
sıvı flüssig
sicim Bindfaden
sifon Wasserspülung
sigara Zigarette
sigara içen Raucher
sigara içilen kompartıman Raucherabteil
sigara içilmeyen kompartıman Nichtraucherabteil
sigara içmek rauchen
sigaracı Tabakladen
sigorta Versicherung
silecek Scheibenwischer
simge Wahrzeichen
sindirim Verdauung
sinek Fliege
sinema Kino
sinir Nerv

sinir ilacı Beruhigungsmittel
sinirli nervös
sinüzit Stirnhöhlenentzündung
sinyal lambası Blinker
sirk Zirkus
sirke Essig
sis Nebel
sivrisinek Stechmücke
siyah schwarz
siyah-beyaz film Schwarzweißfilm
siyatik Ischias
siz ihr *(2. Pers. Pl.)*; Sie
...-siz/-sız/-süz/-suz ohne ...
size euch *(Dativ)*; Ihnen
sizi euch *(Akkusativ)*; Sie
sizin euer(e); Ihr(e)
slip Slip
soda Mineralwasser
soğa Zwiebel
soğuk kalt, kühl
soğuk algınlığı Erkältung
soğuk içecek kaltes Getränk
soğuk su kaltes Wasser
soğuklama Erkältung
soğukluk Nachtisch
soğutma Kühlelement
sohbet Unterhaltung, Gespräch
sokak Straße, Gasse
sokmak stechen
sol linke(r, -s)
solaryum Solarium
solda/sola links/nach links
solist Solist(in)
sollamak überholen *(Auto)*
solucan Wurm
solunmak atmen
son Ende; letzte(r, -s)
son istasyon Endstation
son olarak zuletzt
son temizleme Endreinigung
sonbahar Herbst
sondan bir önceki vorletzte(r, -s)
sonra dann, später, nachher; nach
sonuncu letzte(r, -s)
sonunda endlich
sormak fragen
soru Frage
sorumlu verantwortlich
sorun Problem
sos Soße
sosis Würstchen, Wurst *(nach europäischer Art)*
sosis dilimleri Aufschnitt

sosyal danışma merkezi Sozialstation
soyadı Familienname
sönmek ausgehen *(Licht)*
sörf tahtası Surfbrett
sörf yapmak surfen
söylemek sagen
söyleşi Gespräch
sözcük Wort
sözleşme Verabredung, Vertrag
sözünü kesmek unterbrechen *(jdn)*
spesiyalite Spezialität
spor Sport
spor ayakkabısı Turnschuhe
spor sahası Sportplatz
sporcu Sportler(in)
stadyum Stadion
stok Vorrat
stop lambası Bremslicht
stüdyo Studio
su Wasser
su bardağı Wasserglas
su bidonu Wasserkanister
su kayağı Wasserski
su tüketimi Wasserverbrauch
sualtı kamerası Unterwasserkamera
sucuk Wurst *(nach türkischer Art)*
suç Schuld, Verbrechen
suçiceği Windpocken
suların alçalması Ebbe
suların kabarması Flut
sulu saftig
sulu boya resim Aquarell
sulu boya resim yapmak aquarellieren
sunak Altar
sur Festungsmauer, Stadtmauer
susamak durstig sein
sutyen BH
süpermarket Supermarkt
sürahi Karaffe
sürat Geschwindigkeit
süre Zeitraum, Zeitdauer
sürekli beständig, andauernd
... süresince während ...
sürme tavan Schiebedach
sürmek (fort)dauern; *(Auto)* steuern, fahren
sürücü Fahrer(in)
süs Schmuck
süt Milch
sütun Säule

sveter Pullover

Ş

şahane ausgezeichnet, wunderbar
şahit Zeuge/Zeugin
şahsi persönlich
şaka Spaß, Scherz; Witz
şamata Lärm
şampanya Champagner
şampuan Shampoo
şanzıman Getriebe
şans Glück
şanssızlık Unglück, Pech
şapka Hut
şarap Wein
şarap bardağı Weinglas
şarapçı Weinhandlung
şarhoş betrunken
şarj dinamosu Lichtmaschine
şarkı Lied
şarkı söylemek singen
şarkıcı Sänger(in)
şarküteri Feinkostgeschäft
şaşmak s. wundern
şef Chef
şefkatli zärtlich
şeftali Pfirsich
şehir Stadt
şehir haritası Stadtplan
şehir kodu Vorwahlnummer
şehir merkezi Stadtzentrum
şehir turu Stadtrundfahrt
şehiriçi telefon görüşmesi Ortsgespräch
şehirler arası otobüs Überlandbus
şehirler arası telefon görüşmesi Ferngespräch
şeker Zucker
şeker hastalığı Diabetes
şeker hastası Diabetiker
şeker(leme) Bonbon
şekerci Süßwarengeschäft
şekil Form
şelale Wasserfall
şemsiye Schirm
şenlik Fest
şey Ding, Sache
şiddetli sıcak Hitze
şifalı otlar Heilkräuter
şifre Geheimzahl
şikayet etmek s. beschweren, s. beklagen; reklamieren

şilte Matratze
şimdi jetzt
şimşek Blitz
şirin hübsch
şirket Firma
şişe Flasche
şişe açacağı Flaschenöffner
şişirme yatak Luftmatratze
şişman dick
şişme Schwellung
şişmiş geschwollen
şnorkel Schnorchel
şnorkelle dalmak schnorcheln
şoför Fahrer(in)
şoför hizmeti Fahrdienst
şort Shorts
şose Straße
şov Show
şu diese(r, -s)
şu anda gerade eben, momentan
şubat Februar
şurada da
şüphesiz zweifellos

T

taahhütlü mektup Einschreibebrief
tabak Teller
taban (Fuß-)Boden; Fußsohle; Schuhsohle
tabiat Natur
tabiatı koruma alanı Naturschutzgebiet
tabii natürlich
tablet Tablette
tablo Bild, Gemälde
taçkapı Portal
...-in tadı iyi/kötü ... schmeckt gut/schlecht
tadına bakmak kosten, versuchen *(Speise)*
tadını çıkarmak genießen
tahta Holz
tahta baskı Holzschnitt
tahta oyma Schnitzerei
takım Mannschaft
takım giysi Anzug
takma saç Perücke
taksi durağı Taxistand
taksi şoförü Taxifahrer
talih Glück

talimat Vorschrift
tam ganz, vollständig, voll; genau
tam ... gibi genauso ... wie
tam kasko sigortası Vollkasko
tam pansiyon Vollpension
tamamen vollständig, total
tamamıyla ganz und gar
tamir etmek reparieren
tamirat Reparatur
tamirhane Werkstatt
tampon Tampon; Stoßstange
tane Stück *(als Zählwort)*
tanıdık der/die Bekannte
tanımak kennen
tanımlamak beschreiben
tanınmış bekannt
tanışma Bekanntschaft
tanıtma Vorstellung *(Bekanntmachung)*
Tanrı Gott
tansiyon Blutdruck
tapınak Tempel
taraf Seite
... tarafından von Seiten ...
taraftar Anhänger, Fan
tarak Kamm
tarif etmek beschreiben
tarih Datum; Geschichte
tarihi bulgular historische Funde
tarikat Sufibruderschaft
tarla Feld, Acker
tarz Stil
tasdik etmek bestätigen
tasfiye satışı Ausverkauf
taş Stein
taşımak tragen
taşlı steinig
tat Geschmack
tatil Ferien, Urlaub
tatil evi Ferienhaus
tatil tesisi Ferienanlage
tatlı süß; *(Wein)* lieblich
tatlıcı Süßwarengeschäft
tatlılar Süßigkeiten
tatsız unangenehm
tava yemeği Pfannengericht
tavada kızarmış gebraten
tavan (Zimmer-)Decke
tavsiye etmek empfehlen
tavşan Kaninchen
tavuk Hähnchen
tayt Leggins
taze frisch
taze fasulye grüne Bohnen

tazmin etmek ersetzen
tazminat Schadenersatz
tebrik Glückwunsch
tebrik etmek gratulieren
tedirgin olmak s. beunruhigen
tehlike Gefahr
tehlikeli gefährlich
tek einzig; Einzel
tek renkli einfarbig
tekerlek Rad
tekerlekli paten Rollschuh; Inliner
tekerlekli sandalye Rollstuhl
tekerlekli sandalye kullanan adam/kadın Rollstuhlfahrer/in
tekerlekli sandalyeye uygun rollstuhlgerecht
tekerlekli sandalyeye uygun kabin Rollstuhlkabine *(auf dem Schiff)*
tekerlekli sandalyeye uygun vagon rollstuhlgängiger Wagen *(im Zug)*
teklif Vorschlag
teklif etmek bieten
tekrar wieder
tekrarlamak wiederholen
tel Draht
telaffuz etmek aussprechen, artikulieren
teleferik Seilbahn
telefon Telefon; Anruf
telefon etmek anrufen, telefonieren
telefon kartı Telefonkarte
telefon kulübesi Telefonzelle
telefon numarası Telefonnummer
telefon rehberi Telefonbuch
teleks Telex
teleobjektif Teleobjektiv
telesekreter Anrufbeantworter
telesiyej Sessellift
teleski Schlepplift
televizyon Fernseher
televizyon odası Fernsehraum
telgraf Telegramm
telgraf havalesi telegrafische Überweisung
telli pullu kitschig
tembel faul
temin etmek besorgen
temiz sauber
temizleme Reinigung
temizlemek putzen, reinigen

temmuz Juli
tenha einsam, menschenleer
tenis Tennis
tenis raketi Tennisschläger
tentürdiyot Jod(tinktur)
tenzilat Ermäßigung
tepe Hügel
terakota Terrakotta
teras Terrasse
tercüme etmek übersetzen
tereyağı Butter
terk etmek verlassen
terlemek schwitzen
terminal Terminal
termometre Fieberthermometer
ters entgegengesetzt; Gegenteil
terzi Schneider(in)
tesadüfen zufällig
tesisat Anlage, Installation
teslim etmek abgeben
teşhis Diagnose
tetanos Tetanus
tıkanma Stau
tır Lastzug
tırabzan Handlauf
tırnak cilesi Nagellack
tırnak makası Nagelschere
tifo Typhus
tipik typisch
tirbuşon Korkenzieher
tişört T-Shirt
tiyatro Theater
tiyatro grubu Theatergruppe
tiyatro oyunu Theaterstück
tok satt
ton Farbton
tonbalığı Thunfisch
top Ball
toplam Summe
toplantı Veranstaltung, Versammlung
toprak Erde, Erdreich
torba Tüte
torun Enkel(in)
tost Toast
tost makinesi Toaster
toz Staub
toz halinde kar Pulverschnee
trafik Verkehr
trafik belgesi Kfz-Schein, Fahrzeugschein
trajedi Tragödie
tramvay Straßenbahn

transit yolculukta auf der Durchreise
traş fırçası Rasierpinsel
traş köpüğü Rasierschaum
traş losyonu Rasierwasser
traş makinesi Rasierapparat
tren Zug
tunç Bronze
tur Rundfahrt, Tour
tur bisikleti Trekkingrad
turist Tourist(in)
turist rehberi Fremdenführer(in), Reiseführer *(Person)*
turistik eşya satan dükkan Souvenirladen
turizm merkezi Fremdenverkehrsamt
turuncu orange
tutamak Haltegriff
tutar Betrag, Geldsumme
tutmak behalten, fangen, (fest)halten
tutuklamak verhaften
tutukluluk Untersuchungshaft
tuvalet Toilette
tuvalet kağıdı Toilettenpapier
tuz Salz
tuzluk Salzstreuer
tükenmez Kugelschreiber
tüm ganz
tümce Satz
tümör Geschwulst
tümsek Hügel
tünel Tunnel
tüpgaz ocağı Gaskocher
tür Art, Sorte
türbe Grabmal
Türk Türke/Türkin, türkisch
Türkçe Türkisch *(Sprache)*
Türkiye Türkei
türkuvaz türkisfarben
türkü Volkslied
tütsülenmiş geräuchert
tütün Tabak
tütün bayii Tabakladen
tüy Haar; Feder
tüylü top Federball

U

ucuz billig
uç Ende, Spitze
uçağa biniş kartı Bordkarte
uçak şirketi Fluggesellschaft
uçakla mit Luftpost
uçmak fliegen
uçuş Flug
ufak klein
ulaşım Verkehr
uluslararası international
uluslararası işaret Nationalitätskennzeichen
uluslararası telefon görüşmesi Auslandsgespräch
uluslararası yeşil sigorta kartı grüne Versicherungskarte
un Mehl
unutmak vergessen
ur Geschwulst
usandırıcı lästig
uskumru Makrele
utangaç schüchtern
uyandırmak (auf)wecken
uyanık wach
uyanmak aufwachen
uygun passend, geeignet
uygun olmak gelegen kommen
uygun olmayan ungeeignet
uyku hapı Schlaftabletten
uykusuzluk Schlaflosigkeit
uymak passen
uyumak schlafen
uzağında weit entfernt von
uzak fern, entfernt; Ferne
uzaklık Entfernung
uzanmak s. hinlegen, liegen
uzatılmış yol Umweg
uzatma haftası Verlängerungswoche
uzatma kablosu Verlängerungsschnur
uzatmak verlängern
uzman doktor Facharzt/-ärztin
uzun lang; weit
uzun far Fernlicht

Ü

ücret Gebühr
üç tekerlekli bisiklet Handbike
üçayak Stativ
üçgen çatı Giebel
üçgen reflektör Warndreieck

üçüncü dritte(r, -s)
ülke Land
ülke kodu Vorwahlnummer *(eines Landes)*
üniversite Universität
üniversitede okumak studieren
ünlü berühmt
üretmek herstellen
ürkmek erschrecken *(in Schrecken geraten)*
ürkütmek erschrecken *(in Schrecken versetzen)*
ürün Produkt
üslup Stil
üstünde auf *(Ort)*
üstüne auf *(Richtung)*
üstünü değiştirmek s. umziehen
üşümek frieren
ütülemek bügeln
üzerinde über
üzerinden über ... hinweg
üzerine über *(Thema)*
üzgün traurig
üzülmek bedauern
üzüm Weintrauben

V

vadi Tal
vagon Abteil
vagon numarası Wagennummer
vagon restoran Speisewagen
vahşi wild
vahşi hayvanlar parkı Wildpark
vaktinde rechtzeitig
vantilatör Ventilator
vapur Dampfer, Fähre
... var es gibt ...
varış Ankunft
varış günü Anreisetag
varış saati Ankunftszeit
varlıklı reich
varyete Varietee
vasıf Qualität
vatan Heimat
vatandaşlık Staatsangehörigkeit
vazo Vase
ve und
vedalaşmak s. verabschieden
vejeteryan vegetarisch
vermek geben
vestiyer Garderobe

veya oder
vezne Kasse
vida Schraube
video kamerası Videokamera
villa Villa
viraj Kurve
virüs Virus
vites Gang *(beim Auto)*
vitrin Schaufenster
vize Visum
vizör Sucher
voleybol Volleyball
voltaj Stromspannung
vukubulmak stattfinden
vücut Körper
vücut geliştirme Bodybuilding
vücut şampuanı Duschgel

Y

ya ... ya (da) entweder ... oder
ya da oder
yaban arısı Wespe
yabancı Fremde(r), Ausländer(in); fremd, ausländisch
yağ Öl
yağ değiştirme Ölwechsel
yağda kızarmış gebraten
yağlı fett
yağlı boya Ölmalerei
yağmur Regen
yağmurlu regnerisch
yağmurluk Regenmantel
yağsız mager *(Fleisch)*
yağsız süt fettarme Milch
yaka Ufer
yakalamak fangen
yakın nah(e)
yakında bald
yakınında in der Nähe von
yakınmak s. beklagen (über), s. beschweren (über)
yalnız allein, einsam
yalnız(ca) nur
yama takımı Flickzeug

yamaç paraşütü Gleitschirm
yan Seite
yan bina Flügel *(eines Gebäudes)*
yan etkiler Nebenwirkungen
yan masraflar Nebenkosten
yan sokak Nebenstraße
...-e yana olmak für ... sein
yanardağ Vulkan
yanaşmak anlegen *(Schiff, Boot)*
yangın söndürücü Feuerlöscher
yanıcı feuergefährlich
yanık Verbrennung
yanık merhemi Brandsalbe
yanılgı Irrtum
yanına neben, zu
yanına almak mitnehmen
yanında an, bei, neben
yanında getirmek mitbringen
yanıtlamak antworten, beantworten
yankesici Taschendieb
yanlış falsch; Fehler
yanlış anlama Missverständnis
yanlış hesaplamak s. verrechnen
yanma tehlikesi olan feuergefährlich
yapı Bauwerk, Gebäude
yapmak machen, tun
yaprak Blatt
yara Verletzung, Wunde
yara izi Narbe
yaralamak verletzen
yaralanma Verletzung
yaralanmak s. verletzen
yaralı verletzt; Verletzte(r)
yararlanmak benutzen
yaratıcı kreativ
yardım Hilfe
yardım etmek helfen
yarı Hälfte
yarı felçli querschnittsgelähmt
yarım halb
yarım kilo Pfund
yarım pansiyon Halbpension
yarın morgen
yarın sabah/yarın akşam morgen früh/morgen Abend
yarış Rennen
yarış bisikleti Rennrad
yarışma Wettkampf
yasak Verbot
yastık Kopfkissen

yaş Alter; nass
yaşamak leben
... yaşına kadar çocuklar Kinder bis zu ... Jahren
yaşlı alt, betagt
yatacak yer Unterkunft
yatak Bett
yatak odası Schlafzimmer
yatak örtüsü Bettdecke
yatak takımı Bettwäsche
yataktan kalkmak aufstehen *(aus dem Bett)*
yatay boyut Querformat
yatırmak hinterlegen
yatıştırıcı Beruhigungsmittel
yatmak s. hinlegen; liegen
yavaş langsam; leise
yavaş yavaş langsam
yavru das Junge *(Jungtier)*; Kind
yaya Fußgänger(in)
yaya bölgesi Fußgängerzone
yayın (Radio-, Fernseh) sendung
yaz Sommer
yazdırmak anmelden
yazı Schrift
yazı telefonu Schreibtelefon
yazıhane Büro
yazılı schriftlich
yazıt Inschrift
yazmak schreiben, aufschreiben
yedek Ersatz
yedek lastik Ersatzrad
yelek Weste
yelken sporu Segelsport
yelkenli gezisi Segeltörn
yelkenli tekne Segelboot
yelkenliyle gezmek segeln
yemek Essen, Mahlzeit
yemek borusu Speiseröhre
yemek kitabı Kochbuch
yemek listesi Speisekarte
yemek salonu Speisesaal
yemekler Verpflegung
yemekten önce vor dem Essen
yemekten sonra nach dem Essen
yenge Schwägerin *(Frau des Bruders)*
yengeç Krebs *(Tier)*
yeni neu; frisch
yeni adrese göndermek nachsenden
yenilebilir essbar

yenilmek verlieren, unterliegen
yer Boden, Erde; Ort, Stelle, Lage, Platz
yer ayırtmak einen Platz reservieren
yer fıstığı Erdnuss
yeraltı geçidi Unterführung
yerine anstatt
yerine geçmek ersetzen
yerine getirmek besorgen
yerine koymak ersetzen
yerli einheimisch
yeşil grün
yeşil salata Kopfsalat
yeter genug
yetişkin Erwachsene(r)
yetişkinler Erwachsene
yetişmek erreichen; (heran) wachsen
yetkili zuständig
yıkama bezi Waschlappen
yıkamak waschen
yıl Jahr
yılan Schlange
yılan balığı Aal
yılbaşı Neujahr
yıldırım Blitz
yıldız Stern
yıllık jährlich, Jahres-
yine wieder
yinelemek wiederholen
yirmi yaş dişi Weisheitszahn
yitirmek verlieren
yoga Yoga
yoğurt Joghurt
... yok es gibt kein(e) ...; ... ist/sind nicht da
yoksul arm
yokuş Steigung
yol Route, Weg
yol haritası Straßenkarte
yol işareti Wegweiser
yola çıkmak abreisen
yolcu Fahrgast, Passagier
yolculuk Fahrt, Reise
yolculuk yapmak reisen, verreisen
yolda unterwegs
yollamak schicken
yolunu kaybetmek s. verirren
yontu Plastik, Skulptur
yonut Statue
yorgan Bettdecke
yorgun erschöpft, müde
yorucu anstrengend
yön Richtung; Route

yönetici Leiter(in)
yönetim Verwaltung
yönetmelik Vorschrift
yönetmenlik Direktion
yöre Gegend
yukarıda oben
yukarıya doğru aufwärts
yulaf ezmesi Haferflocken
yumurta Ei
yumuşak weich, zart
Yunan Grieche, Griechin; griechisch
yurt Heimat
yurt içi uçuş Inlandsflug
yurtdışı Ausland
yurtdışına çıkış Ausreise
yurttaş Landsmann
yurttaşlık Staatsangehörigkeit
yuvarlak rund
yüksek hoch
yüksek gerilim Hochspannung
yüksek sesle mit lauter Stimme, laut
yüksek sesli laut
yükseklik Höhe
yükseltme asansörü Hublift
yün Wolle
yün battaniye Wolldecke
yürek Herz
yürüme engelli Mobilitätsbehinderte(r)
yürümek gehen *(zu Fuß)*
yürürlükte gültig
yürüyüş yapmak wandern
yürüyüş yolu Wanderweg
yüz Gesicht; hundert
yüzde Prozent *(der Zahl vorangestellt)*
yüzen ev Hausboot
yüzme dersi Schwimmkurs
yüzme havuzu Swimmingpool
yüzme kolluğu Schwimmflügel
yüzmek schwimmen
yüzücü Schwimmer(in)
yüzük Ring
... yüzünden aus ..., wegen ...
yüzyıl Jahrhundert

Z

zam Zuschlag
zaman Zeit
zamanında rechtzeitig
zarar Schaden
zarar vermek beschädigen
zarf Briefumschlag
zatürre Lungenentzündung
zayıf dünn, mager; schlank; schwach
zedelemek beschädigen
zehir Gift
zehirlenme Vergiftung
zehirli giftig
zeki klug
zemin katı Erdgeschoss
zengin reich
zevk Geschmack
zeytin Oliven
zeytinyağı Olivenöl
zil Klingel
zincir Kette
zira da, weil, denn
zirve Gipfel
ziyaret Besichtigung, Besuch
ziyaret etmek besuchen
ziyaret saati Besuchszeit
ziyaret yeri Wallfahrtsort
ziyaretgah Wallfahrtsort
zor anstrengend, schwer, schwierig
zorunlu notwendig

Wörterbuch Deutsch - Türkisch

A

Aal yılan balığı
ab und zu arasıra, arada sırada
ab *(zeitlich)* *-den/-dan* itibaren
Abblendlicht kısa far
Abend akşam
Abendessen akşam yemeği
Abendgarderobe gece kıyafeti
abends akşamleyin, *(immer abends)* akşamları
aber ama, fakat
abfahren (von) *(-den/-dan)* hareket etmek, kalkmak
Abfahrt kalkış, hareket; *(Autobahn-)* çıkış
Abfall çöp
Abfallbeutel çöp poşeti
Abfalleimer çöp kovası
Abflug kalkış, gidiş
Abführmittel müshil
abgeben teslim etmek, bırakmak
abholen almak; *(Personen)* karşılamak
Abkürzung *(Wort)* kısaltma; *(Weg)* kestirme
ablehnen reddetmek
abnehmen *(Gewicht)* kilo vermek; *(Telefon)* açmak
abreisen yola çıkmak, *(nach ...)* *...-(y)e/-(y)a* gitmek
Absatz *(Schuh~)* ökçe
Abschleppdienst çekici servisi
abschleppen çekmek
Abschleppseil çekme halatı
Abschleppwagen çekici (araç)
abschließen kilitlemek

abseits *-(n)in* uzağında
(Fußball) ofsayt
Absender gönderen
Abszess apse, çıban
Abteil kompartıman, vagon
abwärts aşağıya doğru
Achtung dikkat
Actionfilm hareketli film
Adapter adaptör
Adresse adres
Aerobic aerobic
Agentur acente
ähnlich benzer
Akt *(Theater)* perde; *(Bild)* nü
Alarmanlage alarm sistemi
alkoholfrei alkolsüz
alkoholfreies Bier alkolsüz bira
alle bütün, hepsi
allein yalnız
Allergie alerji
alles hepsi, her şey
als *(zeitlich; hinter dem Verb im Aorist 3. Pers. Sing.:)* iken; *(Vergleich)* -den/-dan
alt *(bejahrt)* yaşlı; *(ehemalig)* eski, *(Dinge)* eski
Altar sunak
Alter yaş
Altstadt eski şehir
Alufolie alüminyum folyo
am Sonntag pazar günü
am Wochenende hafta sonunda
Ampel lamba
Amphitheater amfitiyatro
Amt *(Dienststelle)* resmi daire
amüsieren, s. ~ eğlenmek, hoş vakit geçirmek
an *-(n)in* yanında
Ananas ananas
Anatolien Anadolu
andere, der/die/das ~ başka, diğer
anderswo başka bir yerde
Anfang başlangıç
anfangen başlamak
Angabe bildirme
Angel olta
angeln *(olta ile)* balık avlamak
Angelschein amatör balıkçılık belgesi
angenehm hoş, rahat
Angina anjin
anhalten durmak
Anhänger *(Schmuck)* pandantif; *(Fan)* taraftar
Ankunft varış

Ankunftszeit varış saati
Anlage *(el)* tesisat; *(Grün~)* park; *(Brief)* ek, ilişik
Anlasser marş
anlegen in *-(y)e/-(y)a* yanaşmak
anmelden *(jdn)* kaydettirmek, yazdırmak; *(sich ~)* kendini kaydettirmek
Anmeldung kayıt
Anorak anorak
Anreisetag varış günü
Anruf telefon
Anrufbeantworter telesekreter
anrufen telefon etmek
Anschluss bağlantı
ansehen *-(y)e/-(y)a* bakmak, *-(y)i* gözden geçirmek
Ansichtskarte kartpostal
anstatt *-(n)in* yerine
ansteckend bulaşıcı, enfeksiyöz
anstrengend yorucu, zor
Antibabypille doğum kontrol hapı
antik antik
Antiquitätengeschäft antikacı dükkanı
antworten cevap vermek, yanıtlamak
Anwendungsgebiete *(med)* endikasyonlar
anzahlen ön ödeme yapmak
Anzahlung ön ödeme, kaporta
anzeigen (polise) bildirmek
anziehen *(Kleidungsstück)* giymek; *(Kind)* giydirmek
Anzug takım giysi
Apartment daire
Apfelsinen portakal
Apotheke eczane
Apparat *(Foto)* fotoğraf makinesi; *(Radio)* radyo
Appetit iştah
Aprikosen kayısı
April nisan
Aquarell sulu boya resim
Aquarellmalen sulu boya resim yapmak
Arbeit iş
arbeiten çalışmak
arbeitslos işsiz
Archäologie arkeoloji
Architekt mimar
Architektur mimarlık
Arena arena

ärgern, s. ~ über *-(y)e/-(y)a* kızmak
Arm kol
arm yoksul, fakir
Armband bilezik
Armbanduhr kol saati
Ärmel kol
Art *(Sorte)* çeşit; *(Tier-/ Pflanzen-)* tür; *(Art und Weise)* biçim
Artischocken enginar
Arzt/Ärztin doktor/kadın doktor
Aschenbecher kül tablası
Asien Asya
Aspirin® aspirin
Asthma astım
Atembeschwerden nefes alma güçlüğü
atmen solunmak
Attest rapor
Auberginen patlıcan
auch de/da *(nachgestellt, Vokalharmonie!)*, dahi *(nachgestellt)*
auf *(Richtung) -(n)in* üstüne, *(Ort) -(n)in* üstünde; *(offen)* açık
Auffahrt giriş
aufbewahren saklamak
aufbrechen *(Schloss)* kırarak açmak
Aufenthalt durma, *(Zug)* mola
Aufenthaltsraum salon
Auffahrtrampe (tekerlekli sandalye kullananlar için) rampa
Aufführung gösteri
aufhalten, s. ~ kalmak, bulunmak
aufhören bitmek, kesilmek
aufpassen (auf) *-(y)e/-(y)a* dikkat etmek
Aufschnitt salam, sosis dilimleri
aufschreiben yazmak
aufstehen ayağa kalkmak; *(aus dem Bett)* yataktan kalkmak
aufwachen uyanmak
aufwärts yukarıya doğru
Aufzug asansör
Auge göz
Augenblick an
Augentropfen göz damlası
August ağustos
aus *(Herkunft)* -den/-dan; *(Grund)* ... yüzünden

Ausbildung eğitim
ausdrücklich sarih, apaçık
Ausfahrt çıkış; **~ freihalten** çıkışı kapatmayın
Ausflug gezi
ausfüllen doldurmak
Ausgang çıkış
ausgeben sarf etmek, harcamak
ausgehen *(Haus verlassen)* dışarı çıkmak; *(Licht)* sönmek
ausgezeichnet mükemmel, şahane
Ausgrabung kazı
Ausgrabungen kazılar
Auskunft danışma, enformasyon
Ausland yurtdışı
Ausländer(in) yabancı
ausländisch yabancı
Auslandsflug dış ülkeye uçuş
Auslandsgespräch uluslararası telefon görüşmesi
Auslöser deklanşör
Auspuff egzoz
Ausreise (yurtdışına) çıkış
Ausritt atla gezinti
ausruhen, s. ~ dinlenmek
Ausschlag cilt döküntüsü
außen dışarıda
außer *-(n)in* dışında, *-den/-dan* başka
außerdem bundan başka, ayrıca
außergewöhnlich olağanüstü, alışılmadık
außerhalb *-(n)in* dışında
Aussicht manzara
Aussichtspunkt manzaralı yer
aussprechen *(Wörter)* telaffuz etmek, *(äußern)* söylemek
aussteigen inmek
Ausstellung sergi
aussuchen seçmek, ayırmak, beğenmek
austauschen değiştirmek, (karşılıklı) alıp vermek
Austern istiridye
Ausverkauf tasfiye satışı
Auswahl seçme
auszahlen ödemek
Auto araba, otomobil
Autobahn otoyol
Autobahngebühr otoyol ücreti
Automat *(Waren~)* otomat
Automatik(getriebe) otomatik vites

automatisch *adj* otomatik, *adv* kendiliğinden
automatische Türöffnung otomatik kapı otomatiği
Autoradio araba radyosu
Autoreisezug araba treni
Avocado avokado

B

Baby bebek
Babyfon® bebek fonu
Babylift baby-lift
Babynahrung çocuk maması
Babyschale *(fürs Auto)* bebek koltuğu
Babysitter çocuk bakıcısı
Bäckerei fırın, ekmekçi
Badeanzug mayo, kadın mayosu
Badehose mayo, erkek mayosu
Bademantel bornoz
Bademeister *(Schwimmbad)* havuz sorumlusu, *(Strand)* plaj sorumlusu
Bademütze lastik başlık
Badeort *(mit Badestrand)* plaj; *(mit Heilbad)* kaplıca, ılıca
Badeschuhe plaj terliği
Badetuch banyo havlusu
Badewanne küvet
Badezimmer banyo
Badminton badminton
Bahnhof istasyon
Bahnsteig peron
bald yakında, birazdan

Balkon balkon
Ball top; *(Fest)* balo
Ballett bale
Bananen muz
Band müzik grubu
Bänderriss lif kopması
Bank *(Geldinstitut)* banka; *(Sitz~)* sıra, bank
Bar bar
bar nakden
bar zahlen peşin ödemek, para ile ödemek
Bargeld nakit (para)
barrierefrei engelsiz
Barsch levrek balığı
Bart sakal; *(Schnurr-)* bıyık
Basar çarşı, pazar
Basilikum fesleğen
Basketball basketbol
Batterie pil
Bauch karın
Bauchtanz göbek dansı
Bauernhof çiftlik
Baum ağaç
Baumwolle pamuk
Baustelle inşaat yeri *(Straßen~)* tamirat
Bauwerk yapı, bina
beachten hesaba katmak, dikkate almak
Beachvolleyball plaj voleybolu
beantworten cevaplandırmak, yanıtlamak
Bearbeitungsgebühr işlem harcı
bedauern *-(y)e/-(y)a* üzülmek, acımak
Bedeutung *(Sinn)* anlam, mana
Bedienung servis, *(Person)* garson
beeilen, s. ~ acele etmek
beeindruckend etkileyici
befinden, s. ~ bulunmak
befreundet sein (mit) *(... ile)* arkadaş olmak
befürchten korkmak, endişe etmek
begegnen *... ile* karşılaşmak, *-(y)e/-(y)a* rastlamak
begeistert (von) *-(y)e/-(y)a* hayran; *(leidenschaftlich)* coşkun
begleiten *... ile* birlikte gitmek, *-(y)e/-(y)a* refakat etmek
Begleitperson refakatçi

begrüßen selamlamak, *(Gast)* karşılamak
behalten alıkoymak, tutmak
Behälter kap, *(Kanister)* bidon
behandeln *-(y)e/-(y)a* davranmak
behaupten ileri sürmek, iddia etmek
Behindertenausweis özürlü kimlik kartı
behindertengerecht engellilere uygun
Behindertenparkplatz engelliler için özel park yeri
Behindertentoilette engelliler tuvaleti
Behindertenverband engelliler birliği
bei *(örtlich)* -de/-da, *-(n)in* yanında, yakınında
beide her iki, ikisi
Beifall alkış
beige krem, bej
Bein bacak
Beispiel örnek, misal
beißen ısırmak
bekannt tanınmış, bilinen
Bekannte, der/die ~ tanıdık, ahbap
Bekanntschaft tanışma
beklagen, s. ~ (über) *-den/-dan* şikayet etmek, yakınmak
bekommen almak, elde etmek
belästigen rahatsız etmek, *-(y)e/-(y)a* sataşmak
belegtes Brötchen sandviç
Beleidigung hakaret, aşağılama
Belichtungsmesser fotometre
Belohnung ödül, mükafat
bemerken *-(n)in* farkına varmak, *-(y)i* görmek
bemühen, s. ~ gayret etmek
benachrichtigen *-(y)e/-(y)a* haber vermek, bildirmek
benutzen *-(y)i* kullanmak, *-den/-dan* yararlanmak; *(Verkehrsmittel) -(y)e/-(y)a* binmek
Benzinkanister benzin bidonu
Benzinpumpe benzin pompası
bequem rahat, konforlu
berechnen hesap etmek
bereits önceden
Berg dağ
Bergdorf dağ köyü

Bergstation dağ istasyonu
Bergsteigen dağcılık
Beruf meslek, iş
beruhigen, s. ~ sakinleşmek, durulmak
Beruhigungsmittel yatıştırıcı, sinir ilacı
berühmt ünlü, meşhur
berühren *-(y)e/-(y)a* dokunmak, değmek
beschädigen zedelemek, *-(y)e/-(y)a* zarar vermek
Bescheinigung belge
beschlagnahmen *-(y)e/-(y)a* el koymak
beschreiben tarif etmek, tanımlamak
beschweren, s. ~ (über) *-den/-dan* şikayet etmek, yakınmak
besetzt *(WC, Telefon)* meşgul; *(Platz)* dolu
besichtigen gezmek, dolaşmak
Besichtigung gezme, ziyaret
Besitzer(in) sahip
besonders özellikle, bilhassa
besorgen temin etmek, yerine getirmek
besser daha iyi
bestätigen tasdik etmek, onaylamak
beste(r, -s) en iyi
Besteck çatal bıçak
bestehen aus *-den/-dan* oluşmak
Bestellung ısmarlama
bestimmt *adj* belli, kesin; *adv* mutlaka
Besuch ziyaret, *(Person/en)* misafir
besuchen, jdn ~ *-(y)i* ziyaret etmek
Besuchszeit ziyaret saati
beten dua etmek, *(Islam: rituelles Gebet)* namaz kılmak
Betrag tutar, miktar
Betreuungsdienst bakım servisi
Betrug *(Gaunerei)* aldatma, kandırma; *(beim Handel)* dolandırma
betrunken şarhoş; *(leicht)* çakır keyif
Bett yatak
Bettdecke yatak örtüsü, yorgan
Bettwäsche yatak takımı

beunruhigen, s. ~ huzursuzlanmak, tedirgin olmak
bevor *-meden* önce *(Endung an den Verbstamm hängen)*
bewölkt bulutlu
bewusstlos bayılmış
bezahlen ödemek
bezaubernd büyüleyici, alımlı
BH sutyen
Biene arı
Bier bira
bieten teklif etmek, ikram etmek
Bikini bikini
Bild resim, *(Foto)* fotoğraf; *(Gemälde)* tablo
Bildhauer heykeltraş
billig ucuz
Bindfaden sicim
Birnen armut
bis *-(y)e/-(y)a* kadar, *-(y)e/-(y) a* değin
bisschen, ein ~ biraz
Bitte dilek, rica
bitten, jdn um etw ~ *birinden bir şeyi* rica etmek
bitter acı
Blähungen gaz
Blatt yaprak
blau mavi
Blazer çeket
bleiben kalmak
Blick bakış; *(Ausblick)* manzara
blind kör
Blinddarmentzündung apandisit
Blinde(r) kör
Blindenhund körler köpeği
Blinker sinyal lambası
Blitz yıldırım, *(als Lichtblitz)* şimşek
Blitzgerät flaş
Block *(Schreib~)* bloknot
blöd(e) aptal, bön
blond sarışın
Blues blues
Blume çiçek
Blumengeschäft çiçekçi
Blumenkohl karnabahar
Bluse bluz
Blut kan
Blutdruck tansiyon
bluten kanamak
Blutgruppe kan grubu
Blutung kanama

Blutvergiftung kan zehirlenmesi
Bö ani rüzgar
Boden yer; *(Fuß~)* taban, döşeme
Body badi
Bodybuilding vücut geliştirme
Bogen kemer
Bohnen fasulye
Bonbons şeker(leme)
Bootsführerschein gemi ehliyeti
Bordkarte uçağa biniş kartı
böse kötü, fena; *(verärgert)* kızgın, dargın
Bosporus Boğaziçi
botanischer Garten botanik bahçesi
Botschaft *(dipl. Vertretung)* büyükelçilik
Boutique butik
Bowling bowling
Braille Braille/körler alfabesi
Brandsalbe yanık merhemi
brauchen gerekmek, lazım olmak; ich/du brauchst Geld bana/sana para gerekiyor/ lazım
braun kahverengi; *(Teint)* esmer; *(gebräunt)* esmerleşmiş
Brechreiz mide bulantısı
breit geniş
Breite genişlik
Bremse fren
Bremsflüssigkeit fren yağı
Bremslicht stop lambası
Brennspiritus ispirto
Brief mektup
Briefkasten posta kutusu
Briefmarke pul
Briefmarkenautomat pul otomatı
Briefpapier mektup kağıdı
Brieftasche cüzdan
Briefumschlag zarf
bringen *(her~)* getirmek; *(weg~)* götürmek
Brombeeren böğürtlen
Bronchien bronşlar
Bronchitis bronşit
Bronze bronz, tunç
Brosche broş, iğne
Brot ekmek
Brötchen küçük francala
Bruch kırık

Brücke köprü
Bruder (erkek) kardeş *(älterer Bruder)* abi
Brunnen *(Schöpf~)* kuyu; *(Born)* çeşme,
Brust göğüs
Buch kitap
buchen *(Platz)* yer ayırtmak, bilet almak
Buchhandlung kitabevi
buchstabieren harfleri söylemek, hecelemek
Bucht körfez, koy
Buchung rezervasyon
bügeln ütülemek
Bungalow bungalov
Bungeejumping bungee jumping
bunt renkli
Burg kale
Büro büro, yazıhane
Bürste fırça
Bus otobüs
Busbahnhof otogar, otobüs garajı
Busch çalılık
Bußgeld para cezası
Butter tereyağı
Bypass bypass
byzantinisch Bizans

C

Café kahvehane
Camcorder camcorder
Camping kamp
Campingplatz kamping alanı
CD/Compactdisc CD
CD-Spieler CD çalar
Champagner şampanya
Check-in giriş işlemleri
Chef şef, müdür
chemische Reinigung kuru temizleme
Chicoree Frenk salatası
Chipkarte çip kartı
Chirurg(in) cerrah, operatör
Cholera kolera
Chor koro
Christentum Hristiyanlık
Clubhaus kulüp evi
Cousin/e kuzen/kuzin
Creme krem

D

da *(dort)* orada, şurada; *(weil)* zira, çünkü
Dach dam
dafür sein *-den/-dan* yana olmak, *-(y)i* kabul etmek
dagegen sein *-(y)e/-(y)a* karşı olmak, *-(y)i* reddetmek
daheim evde
damals o zaman
Damen Bayanlar
Damenbinden ped, kadın pedi
Dampfbad *(türkisches)* hamam, *(europäisches)* Fin hamamı
Dampfer vapur
danach ondan sonra, daha sonra
danken teşekkür etmek
dann *(danach)* sonra; *(in diesem Fall)* öyleyse
Darm barsak
dass ki
dasselbe aynı
Datteln hurma
Datum tarih
dauern sürmek, devam etmek
Dauerwelle perma

Deck güverte
Decke *(Zimmer~)* tavan
Defekt bozukluk
Deich bent, set
dein senin
denken an *-(y)i* düşünmek
Denkmal anıt
Denkmalschutz anıtların korunması
denn çünkü, zira
Deo(dorant) deodorant
deshalb bunun için
Desinfektionsmittel dezenfektan
desinfizieren dezenfekte etmek
deutlich açık, belirgin
deutsch *(Herkunft, Art)* Alman; *(Sprache)* Almanca
Deutsche, der/die Alman (yurttaşı)
Deutschland Almanya
Devisen döviz
Dezember aralık (ayı)
Diabetes şeker hastalığı
Diabetiker/in şeker hastası
Diagnose teşhis
Diät pehriz
dich seni
dick şişman
Dieb hırsız
Diebstahl hırsızlık
Dienstag salı
diese(r, -s) bu, şu
Digitalkamera dijital kamera
Ding şey
Diphtherie difteri
dir sana
direkt *adj* direkt; *adv* doğrudan doğruya
Direktion yönetmenlik, müdürlük
Dirigent(in) orkestra şefi
Diskothek diskotek
doch *(Bejahung)* elbette, evet
Dokumentarfilm dokümanter film
Dom katedral, başkilise
Donnerstag perşembe
Doppel çift
doppelt çift
Dorf köy
dort orada
Dose kutu; *(Konserven~)* konserve
Dosenöffner konserve açacağı

Dosierungsanleitung: kullanım şekli ve dozu
Drachenfliegen delta kanatla uçmak
Draht tel
Drama dram
draußen dışarıda
Dressing salata sosu
drin, drinnen içinde, içeride
dringend acele, ivedi
dritte(r, -s) üçüncü
Drogerie eczane
Drogerieartikel kozmetik ürünleri
du sen
dumm aptal, akılsız
dunkel karanlık; *(Farbe)* koyu
dunkelblau/dunkelgrün koyu mavi/koyu yeşil
dünn ince, zayıf
durch *(quer ~) -(n)in* ortasından, *-(n)in* arasından; *(mittels)* ... ile; *(Passiv)* ... tarafından
Durchfahrt araç geçişi; **~ verboten** yasak, araç trafiğine kapalı
Durchfall ishal, amel
durchgebraten iyice kızartılmış
Durchreise, auf der ~ transit yolculukta, gelip geçişte
durchschnittlich *adj* sıradan, bayağı; *adv* ortalama
dürfen -ebilmek/-abilmek *(an den Verbstamm angehängt!)*
dürfen, nicht ~ -ememek/ -amamak *(an den Verbstamm angehängt!)*
durstig sein susamak
Dusche duş
Duschgel vücut şampuanı
Duschsitz banyo oturağı
Dynastie hanedan

E

Ebbe cezir, suların alçalması
eben *(flach)* düz; *(zeitlich)* biraz önce, demin
Ebene ova, düzey
ebenerdig yerle bir
echt gerçek, hakiki
Ecke köşe
Ehefrau karı
Ehemann koca
Eier yumurta
eigentlich *adj* asıl, esas; *adv* aslında
Eigentümer(in) sahip
Eilbrief özel ulakla gönderilen mektup
eilig acele, ivedi
ein(e) bir
einchecken işlem yapmak
einfach kolay, basit
Einfahrt giriş
einfarbig tek renkli
Eingang giriş
einheimisch yerli
einige birkaç, bazı
einkaufen alış-veriş etmek, satın almak
einladen davet etmek, çağırmak
einmal bir kez, bir defa
einpacken paketlemek
Einreise giriş
einsam *(Ort)* tenha; *(Person)* yalnız
einschalten *(TV, Radio)* açmak, *(Maschine)* çalıştırmak
Einschreibebrief taahhütlü mektup
einsteigen *-(y)e/-(y)a* binmek
Einstiegshilfe biniş yardımı
Eintritt giriş
Eintrittskarte bilet, giriş bileti
Eintrittspreis giriş ücreti
Einwohner *(Plural)* nüfus
Einzel tek
einzig tek, biricik
Eis buz; *(Speise~)* dondurma
Eisbahn buz pisti
Eisenwarengeschäft hırdavatçı
Eishockey buz hokeyi
Eislauf patinaj
Eiter irin, cerahat
Elastikbinde elastik sargı
elektrisch elektrikli
Elektrohandlung elektrikçi

Elektroherd elektrikli ocak
Elektrolytlösung elektrolit solüsyonu
Elektrorollstuhl elektrikli tekerlekli sandalye
Eltern anababa, ebeveyn
empfangen *(Gast)* karşılamak; *(Sendung)* almak
Empfänger(in) alıcı
Empfangshalle karşılama salonu
empfehlen tavsiye etmek, salık vermek
Ende son; *(Endstück)* uç
endgültig en son, kesin
endlich sonunda, nihayet
Endreinigung son temizleme
Endstation son istasyon
eng dar
englisch *(Herkunft, Art)* İngiliz; *(Sprache)* İngilizce
Enkel(in) torun
entdecken keşfetmek, ortaya çıkarmak
Entfernung uzaklık
entgegengesetzt ters
entscheiden karar vermek
entschuldigen, s. ~ özür dilemek
Entschuldigung özür
enttäuscht hayal kırıklığına uğramış
entweder ... oder ya ... ya (da)
entwerten *(Fahrkarte)* bilet atmak
entwickeln geliştirmek
entwickeln, s. ~ gelişmek
entzückend sevimli, alımlı, hoş
Entzündung iltihap
Ephesus Efes
Epilepsie sara
Epoche devir
er o
Erbsen bezelye
Erdbeeren çilek
Erde *(Welt)* dünya; *(Boden)* yer; *(Erdreich)* toprak
Erdgeschoss zemin katı
erfreut (über) *-den/-dan* memnun
Erfrischung serinleme; *(Getränk)* soğuk içecek
erhalten almak, elde etmek
erholen, s. ~ dinlenmek

erinnern, jdn an etw ~ *birine bir şeyi* hatırlatmak, anımsatmak
erinnern, s. ~ (an) *-(y)i* hatırlamak, anımsamak
Erkältung soğuklama, soğuk algınlığı
Ermäßigung indirim, tenzilat
erlauben müsade etmek; **Haustiere (nicht) erlaubt** ev hayvanları yasak
ernst ciddi
erreichen *(Bus) -(y)e/-(y)a* yetişmek; *(Ziel) -(y)e/-(y)a* erişmek
Ersatz yedek; *(Schaden~)* tazminat
Ersatzrad yedek lastik
erschöpft yorgun, bitkin
erschrecken *(jemanden)* ürkütmek; *(erschrocken sein)* ürkmek, korkmak
ersetzen yerine geçmek, yerine koymak; *(Schaden)* karşılamak, tazmin etmek
erst *(zuerst)* önce, ilkin; *(nicht früher als)* ancak, henüz
erste Hilfe ilk yardım
erste(r, -s) birinci, ilk
erster Gang birinci vites
Erwachsene büyükler, yetişkinler
Erwachsene(r) yetişkin, büyük
erwarten beklemek
erzählen anlatmak
Esel eşek
essbar yenilebilir
Essen *(Nahrung)* gıda; *(Mahlzeit)* yemek
Essig sirke
Etage kat
Etagenbett iki katlı yatak
etwa aşağı yukarı
etwas bir şey; *(ein wenig)* biraz
EU-Bürger AB yurttaşı
euch *(Dativ)* size; *(Akkusativ)* sizi
euer sizin
Euro euro
Europa Avrupa
Europäer(in) Avrupalı
europäisch Avrupa
Exponat sergilenen eser
extra ekstra, özel

F

Fabrik fabrika
Facharzt/-ärztin uzman doktor
Fahrdienst şoför hizmeti
Fähre feribot, vapur
fahren *(sich fortbewegen)* gitmek; *(lenken)* kullanmak, sürmek
Fahrer(in) sürücü, şoför
Fahrgast yolcu
Fahrkarte bilet
Fahrkartenkontrolle bilet kontrolü
Fahrkartenschalter bilet gişesi
Fahrplan hareket tarifesi
Fahrpreis bilet ücreti
Fahrrad bisiklet
Fahrradhelm bisiklet kaskı
Fahrradweg bisiklet yolu
Fahrschein bilet
Fahrstuhl asansör
Fahrt gidiş, yolculuk
fair centilmence
fallen düşmek
falls eğer, ise
Fallschirmspringen paraşütçülük
falsch yanlış
Faltrollstuhl katlanabilir tekerlekli sandalye
Familie aile
Familienname soyadı
fangen yakalamak, tutmak
färben boyamak
farbig renkli; *(Hautfarbe)* siyah
Farbstift boyalı kalem
Fassade cephe, taraf
fast hemen hemen, nerdeyse
faul tembel, miskin; *(Obst)* çürük
Fax faks
Faxgerät faks makinesi
Februar şubat
Federball tüylü top
fehlen eksik olmak, bulunmamak
Fehler *(den man macht)* hata, yanlış; *(den man hat)* kusur
Fehlgeburt düşük, çocuk düşürme
Feigen incir
feilschen pazarlık etmek
fein *(dünn)* ince
Feinkostgeschäft şarküteri

Feld *(Bereich)* saha; *(Acker)* tarla
Fell post, kürk
Fels kaya
Felswand sarp kaya
Fenchel rezene
Fenster pencere
Fensterplatz pencere kenarındaki yer
Ferien tatil
Ferienanlage tatil tesisi
Ferienhaus tatil evi
Ferienwohnung tatil evi
Ferngespräch şehirlerarası telefon görüşmesi
Fernlicht uzun far
Fernseher televizyon
Fernsehraum televizyon odası
fertig *(bereit)* hazır
fest *(hart)* sıkı, sağlam; *(dauernd)* sürekli
Fest bayram, şenlik; *(Fete)* eğlenti
Festival festival
Festland kara
Festung kale, hisar
fett yağlı
fettarme Milch yağsız süt
feucht nemli
Feuer ateş
feuergefährlich yanıcı, yanma tehlikesi olan
Feuerlöscher yangın söndürücü
Feuerwehr itfaiye
Feuerwerk havai fişek gösterisi
Fieber ateş
Fieberthermometer termometre
Film film
Filmempfindlichkeit ışığa duyarlılık
Filmschauspieler(in) film artisti
finden bulmak
Finger parmak
Firma firma, şirket
Fisch balık
Fischerort balıkçı köyü
Fischgeschäft balıkçı
fit formunda
Fitnesscenter fitness salonu
flach düz
Fläschchenwärmer biberon ısıtıcısı
Flasche şişe
Flaschenöffner şişe açacağı

Flaute durgunluk
Fleck(en) leke, benek
Fleisch et
Flickzeug yama takımı
Fliege sinek; *(Krawatte)* papyon
fliegen uçmak
Flohmarkt bitpazarı
Flug uçuş
Flügel kanat; *(von Gebäude)* yan bina
Fluggesellschaft uçak şirketi
Flughafen havaalanı, havalimanı
Flughafenbus havaalanı otobüsü
Flughafengebühr havaalanı ücreti
Flugsteig çıkış kapısı
Flugzeug uçak
Fluss ırmak, nehir
flüssig sıvı; *(Stil, Verkehr)* akıcı
Flut met, suların kabarması
Föhn fön, saç kurutma makinesi
föhnen (saçlarına) fön çekmek
Folklore folklor
Folkloreabend folklor akşamı
Form biçim, şekil
Formular formüler, (doldurulacak) belge
fort *(weggegangen)* gitmiş; *(nicht da)* yok
Foto fotoğraf
Fotoapparat fotoğraf makinesi
Fotogeschäft fotoğraf dükkanı
Fotografie fotoğraf
fotografieren *-(n)in* fotoğrafını çekmek
Frage soru
fragen, jdn etw ~ *birine bir şeyi* sormak
frankieren pul yapıştırmak
französisch *(Herkunft, Art)* Fransız; *(Sprache)* Fransızca
Frau kadın; *(Anrede, nach dem Vornamen)* Hanım, *(vor dem Nachnamen)* Bayan
Fräulein *(Anrede, nach dem Vornamen)* Hanım, *(vor dem Nachnamen)* Bayan
frei serbest, özgür; *(Platz)* boş
Freilichtkino açık hava sineması
Freitag cuma
Freizeitpark eğlence parkı
fremd yabancı
Fremde, der/die ~ yabancı

Fremdenführer(in) turist rehberi
Fremdenverkehrsamt turizm merkezi
Fremdenzimmer pansiyon odası
freuen, s. ~ auf/über *-(y)e/ -(y)a* sevinmek
Freund(in) arkadaş, dost
freundlich *(Rat, Beziehung etc.)* dostça; *(Mensch)* cana yakın
Friedhof mezarlık
frieren *(Person)* üşümek; *(Sache)* donmak
frisch taze, serin; *(neu)* yeni
Frischhaltefolie selofan
Friseur berber
frisieren , jdn ~ saçını kesmek
Frisur saç biçimi
froh *(zufrieden)* memnun, hoşnut
Frost don
Frostschutzmittel antifriz
früh erken
früher *(eher)* daha erken; *(ehemals)* eskiden
Frühling ilkbahar
Frühstück kahvaltı
frühstücken kahvaltı etmek
Frühstücksbüfett kahvaltı büfesi
Frühstücksraum kahvaltı salonu
fühlen hissetmek, duymak
Führer(in) *(für Fremde)* kılavuz, rehber
Führerschein ehliyet
Führung rehberli tur
Fundbüro kayıp eşya bürosu
Funde tarihi bulgular
funktionieren işlemek
für ... için *(nachgestellt!)*
fürchten, s. ~ (vor) *-den/ -dan* korkmak
fürchterlich korkunç
Fuß ayak
Fußball *(Spiel)* futbol; *(Ball)* futbol topu
Fußballplatz futbol sahası
Fußballspiel futbol maçı
Fußgänger(in) yaya
Fußgängerzone yaya bölgesi

G

Gabel çatal
Galerie galeri
Gallenblase safra kesesi
Gang *(Auto)* vites; *(Flur)* koridor; *(Essen)* kap
ganz *adj* bütün, tüm; *adv* *(völlig)* tam, tamamıyla; *(vollständig)* tamamen
gar pişmiş
Garage garaj
Garantie garanti
Garderobe vestiyer
Garnelen karides
Garten bahçe
Gasflasche gaz tüpü
Gasherd gaz ocağı
Gaskartusche gaz kartuşu/tüpü
Gaskocher tüpgaz ocağı
Gaspedal gaz pedalı
Gasse sokak
Gast konuk, misafir
Gastfreundschaft konukseverlik, misafirperverlik
Gastgeber(in) ev sahibi
Gebäck kuru pasta
gebacken fırında kızarmış
Gebäude yapı, bina
geben vermek
Gebirge dağlar
geboren doğumlu
gebraten yağda/tavada kızarmış
gebräuchlich alışılmış
gebrochen kırık, kırılmış
Gebühren ücret, harç
Geburtsdatum doğum tarihi
Geburtsname kızlık soyadı
Geburtsort doğum yeri
Geburtstag doğum günü
gedämpft buğulanmış
Gedeck servis takımı
Gedenkstätte anma yeri
Geduld sabır
gedünstet hafif ateşte kendi suyunda pişmiş
Gefahr tehlike
gefährlich tehlikeli
gefallen hoşa gitmek, *(das gefällt mir/uns/ihm)* bu hoşuma/hoşumuza/hoşuna gidiyor
Gefängnis hapishane
Gefühl duygu, his

gefüllt doldurulmuş, dolma
gegen *(wider)* -(y)e/-(y)a karşı; *(in Richtung auf, zeitlich)* -(y)e/-(y)a doğru
gegen Mittag öğleye doğru
Gegenanzeigen kontrendikasyonlar
Gegend yöre
Gegenteil -(n)in tersi, -(n)in karşıtı
gegenüber -(n)in karşısında
Geheimzahl şifre
gehen gitmek; *(zu Fuß)* yürümek
Gehirn beyin
Gehirnerschütterung beyin sarsıntısı
Gehirnschlag beyin kanaması
Gehör işitme
gehören *das gehört mir/dir/ihr* bu benim/senin/onun
gehörlos sağır
Gehörlose(r) sağır
gekocht pişmiş
gekochter Schinken haşlanmış jambon
Gelände arazi
gelb sarı
Gelbe Seiten® sarı sayfalar
Geld para
Geldanweisung para havalesi
Geldautomat bankamatik
Geldbeutel cüzdan
Geldschein banknot
Geldwechsel para değiştirme
gelegentlich *adv* arasıra
Gelenk eklem
Gemälde tablo, resim
gemeinsam *adj* ortak; *adv* birlikte
gemischt karışık
Gemüse sebze
gemütlich *(Ort)* rahat
genau tam
genauso ... wie (tam) ... gibi
genießen -(n)in tadını çıkarmak
genug yeter
geöffnet açık
Gepäck bagaj
Gepäckabfertigung bagaj kaydı
Gepäckaufbewahrung emanet
Gepäckausgabe bagaj alma yeri
Gepäckschalter emanet gişesi
Gepäckwagen bagaj taşıma arabası

gerade *adj* doğru, düz; *(zeitlich)* şu anda
geradeaus doğru
geräuchert tütsülenmiş, füme
Geräusch ses
Gericht *(Essen)* yemek; *(Justiz)* mahkeme
gern seve seve, severek
geröstet kızartılmış, kavrulmuş
Geruch koku
Geschenk hediye
Geschichte tarih; *(Erzählung)* hikaye
Geschirr kap kaçak
Geschirrspülbecken mutfak lavabosu
Geschirrspülmaschine bulaşık makinesi
Geschirrtuch kurulama bezi
geschlossen kapalı
Geschmack *(einer Speise)* tat; *(eines Menschen)* zevk
geschmort buğuda pişmiş
Geschwindigkeit hız, sürat
geschwollen şişmiş, kabarmış
Geschwulst ur, timör
Geschwür çıban, apse
Gesicht yüz
Gespräch konuşma, söyleşi
gestern dün
gesund sağlıklı, sağlam, sıhhatli
Getränk içecek
Getriebe şanzıman
Gewicht *(Schwere)* ağırlık, *(v. Papier, Brot)* gramaj; *(Bedeutung)* önem
Gewinn kazanç
gewinnen kazanmak
Gewitter boran
gewöhnlich *(üblich)* olağan, alışılmış
gewohnt sein -*(y)e/-(y)a* alışık olmak
Gewölbe kubbeli tavan
Gewürz baharat
gibt, es ~ var
Giebel üçgen çatı
Gift zehir
giftig zehirli
Gipfel zirve, doruk
Glas *(Gefäß)* bardak; *(Material)* cam
Glasmalerei *(Kunst)* cam resim sanatı; *(Kunstwerk)* cam resim
Glatteis buzlanma
glauben inanmak

gleich *adj* aynı; *adv (sofort)* hemen
gleichzeitig *adv* aynı anda, aynı zamanda
Gleis peron
Gleitschirm yamaç paraşütü
Glück şans, talih
glücklich mutlu, mesut
Glückwunsch tebrik
Glühbirne ampul
Gold altın
goldfarben altın rengi
Goldschmiedekunst kuyumculuk
Golf golf
Golfclub golf kulübü
Golfschläger golf sopası
Gott Allah, Tanrı
GPS navigasyon
Grab mezar
Grabmal türbe
Grafik grafik
Gramm gram
Grapefruit greyfrut
Gräte kılçık
gratis bedava, parasız
gratulieren tebrik etmek, kutlamak
grau gri, boz
Grenze sınır
Grenzübergang sınır kapısı
griechisch *(in Türkei)* Rum, *(in Griechenland)* Yunan
Grill ızgara
Grillanzünder ızgara kavı
Grillkohle odun kömürü
Grippe grip
groß büyük, iri
Größe *(Ausdehnung)* büyüklük, genişlik; *(Kleidung)* beden; *(Schuhe)* ayakkabı büyüklüğü/numarası
Großmutter büyükanne, nine
Großraumwagen açık vagon
Großvater dede, büyükbaba
Grotte mağara
grün yeşil
grüne Bohnen taze fasulye
grüne Versicherungskarte uluslararası yeşil sigorta kartı
Gruppe grup, küme
grüßen selamlamak
gültig geçerli, yürürlükte
Gummistiefel lastik çizme
Gurke salatalık
Gürtel kemer

gut iyi
Gutschein bono, para kuponu
Gymnastik jimnastik

H

Haar *(Kopf-)* saç; *(Körper-)* kıl, tüy
Haarfestiger saç losyonu
Haargel saç jölesi
Haargummi saç lastiği
Haarklammer saç tokası
haben var; *(nicht haben)* yok
Hackfleisch kıyma
Hafen liman
Haferflocken yulaf ezmesi
Hähnchen tavuk, piliç
Haken kanca, çengel; *(Kleider~)* elbise askısı
halb yarım
Halbpension yarım pansiyon
Hälfte yarı; *(~ von) -(n)in* yarısı
Hals boyun; *(Kehle)* boğaz
Halsschmerzen boğaz ağrısı
Halstabletten boğaz ağrısına karşı hap
Halstuch atkı, eşarp
halt! dur!
Haltegriff tutamak

halten *(fest~)* tutmak; *(dauern)* sürmek, davam etmek; *(stehen bleiben)* durmak; **~ verboten** durmak yasak
Haltestelle durak
Hammelfleisch koyun eti
Hammer çekiç
Hand el
Handball eltopu, hentbol
Handbike üç tekerlekli bisiklet
Handbremse el freni
Handcreme el kremi
handgemacht el işi
Handlauf tırabzan
Handschuhe eldiven
Handtasche el çantası
Handtuch havlu
Handwaschbecken lavabo
Handy cep telefonu
hart sert, katı
hässlich çirkin, kötü
häufig *adj* sık; *adv* sık sık, çoğu kez
Hauptbahnhof gar
Hauptrolle baş rol
Hauptsaison ana sezon
Hauptspeise baş yemek
Hauptstadt baş şehir, başkent
Hauptstraße ana yol
Haus ev
Hausbesitzer(in) ev sahibi
Hausboot yüzen ev
hausgemacht ev yemeği
Haushaltswaren ev eşyaları
Hausnummer ev numarası
Haustiere ev hayvanları
Haut deri, cilt
Heide fundalık
heilig kutsal, aziz
Heiliger Abend Noel Gecesi
Heimat yurt, vatan
Heimreise dönüş yolculuğu
heiraten, jdn ~ ... *ile* evlenmek
heiser sesi kısık
heiß çok sıcak
heißen *ich heiße/er heißt...* adım .../adı ...
Heißluftballon sıcak hava balonu
Heizung kalorifer
helfen, jdm ~ *-(y)e/-(y)a* yardım etmek
hellblau/hellgrün açık mavi/açık yeşil
Hemd gömlek
Henna kına

Herbst sonbahar
Herd ocak
herein! buyrun!
Hering *(für Zelt)* kazık; *(Fisch)* ringa balığı
Herr *(Anrede, hinter dem Vornamen)* Bey, *(Anrede, vor dem Nachnamen)* Bay
Herren Baylar
herrlich *(wunderbar)* harika; *(ausgezeichnet)* enfes, fevkalade
Herz yürek, kalp
Herzanfall kalp krizi
Herzbeschwerden kalp rahatsızlığı
Herzinfarkt kalp enfarktüsü, kalp sektesi
herzlich kalpten, samimi
Herzschrittmacher kalp pili
Heuschnupfen saman nezlesi
heute Morgen/heute Abend bu sabah/bu akşam
heute bugün
Hexenschuss lumbago
hier burada
Hilfe yardım
Himmel gök, gökyüzü
hindern engellemek
hinlegen, s. – yatmak, uzanmak
hinten arkada
hinter *(wo?)* *...-(n)in* arkasında *(wohin?)* *...-(n)in* arkasına
Hinterland art bölge
hinterlegen depozito bırakmak, yatırmak
hinzufügen eklemek, ilave etmek
Hitze şiddetli sıcak
Hitzewelle sıcak dalgası
hoch yüksek
Hochformat dikey boyut
Hochspannung yüksek gerilim
höchstens en fazla, en çok
Hochzeit *(Feier)* düğün
Hof avlu
höflich kibar, nazik
Höhe yükseklik
Höhepunkt doruk noktası
Höhle mağara
Holz tahta; *(Brennholz)* odun
Holzschnitt tahta baskı
Honig bal
hören duymak, işitmek
Hörer *(Telefon~)* ahize
hörgeschädigt işitme özürlü

Hose pantolon
Hotel otel
Hublift kaldırma/yükseltme asansörü
hübsch güzel, şirin, hoş
Hüfte kalça
Hügel tepe, tümsek
Hund köpek
hungrig sein aç olmak, acıkmak
Hupe korna
Husten öksürük
Hustensaft öksürük şurubu
Hut şapka
Hütte kulübe, baraka

I

ich ben
Idee fikir, düşünce
ihr *pers prn* siz; *poss prn f sing* onun; *pl* onların
Illustrierte magazin
Imbiss *(Essen)* (ayaküstü) yemek; *(Imbissbude)* sandviççi
immer daima, her zaman
Impfpass aşı karnesi
Impfung aşı
in *(Ort)* -de/-da, -*(n)in* içinde; *(Richtung) -(y)e/-(y)a, -(n)in* içine
in einer Woche bir hafta sonra
inbegriffen dahil
Infektion enfeksiyon
informieren bilgilendirmek
Infusion infüzyon
Inhalt içerik, kapsam; *(Buch, Film)* konu
inklusive dahil
Inlandsflug yurt içi uçuş
Inliner (tek sıra tekerli) paten
innen içinde
Innenhof avlu
Inschrift yazıt, kitabe

Insekt böcek
Mittel gegen Insektenstiche böcek sokmasına karşı ilaç
Insel ada
Inselrundfahrt ada turu
Insulin ensülin
Inszenierung sahneye koyma
interessant ilginç, enteresan
interessieren, s. – für *... ile* ilgilenmek
international uluslararası
Interrail İnter Rail
Irrtum yanılgı, hata
Ischias siyatik

J

Jacke ceket
Jahr yıl, sene
Jahreszeit mevsim
Jahrhundert yüzyıl, asır
jährlich *adj* yıllık; *adv* her yıl, her sene
Jahrmarkt panayır
Januar ocak
Jazz caz
Jazzgymnastik caz jimnastiği
Jeans blucin
jede(r, -s) *adj* her, her bir; *prn* herkes
jeden Tag her gün
jemand birisi, *(Gen.)* birinin, *(Dat.)* birine, *(Akk.)* birini, *(Lok.)* birinde, *(Abl.)* birinden
jetzt şimdi
Jod(tinktur) tentürdiyot
joggen jogging yapmak, yavaş koşmak
Jogginghose eşofman altı
Joghurt yoğurt
jucken kaşınmak
Jugendliche(r) genç

Jugendliche(r) *(weiblich)* kız; *(männlich)* delikanlı
Juli temmuz
jung genç
Junge *(eines Tieres)* yavru
Junge oğlan; *(junger Mann)* delikanlı
Junggeselle bekar
Juni haziran
Juwelier kuyumcu

K

Kabarett kabare
Kabarettist(in) kabareci
Kabine kabin
Kaffee kahve
Kaffeemaschine kahve makinesi
Kai rıhtım
Kaiser(in) imparator/ imparatoriçe
Kalbfleisch dana eti
kalt soğuk
kaltes Wasser soğuk su
Kamillentee papatya çayı
Kamm tarak
kämmen saçını taramak
Kanal kanal
Kaninchen tavşan
Kanu kano
Kapelle küçük kilise
Kapitän kaptan
kaputt bozuk
Karaffe sürahi
Karotten havuç
Kartoffeln patates
Käse peynir

Kasse kasa, vezne; *(Theater~)* gişe
Kathedrale katedral, büyük kilise
Katze kedi
kaufen satın almak
Kaufhaus süpermarket
Kaugummi çiklet
Kaution kefalet; *(bei Vermietungen)* depozit
kein hiç, hiç bir
Kekse bisküvit
Kellner(in) garson
kennen tanımak, bilmek
Keramik seramik
Kerze mum
Ketchup ketçap, salça
Kette zincir; *(Hals~)* gerdanlık, *(Kollier)* kolye
Keuchhusten boğmaca
Kfz-Schein trafik belgesi
Kichererbsen nohut
Kiefer çene
Kilogramm kilo
Kilometer kilometre
Kilometerpreis kilometre ücreti
Kind çocuk
Kinderbecken çocuk havuzu
Kinderbetreuung çocuk bakımı
Kinderbett çocuk yatağı
Kinderermäßigung çocuk indirimi
Kinderfahrkarte çocuk bileti
Kinderkleidung çocuk giyimi
Kinderkrankheit çocuk hastalığı
Kinderlähmung çocuk felci
Kindersitz çocuk koltuğu
Kindersitzkissen *(fürs Auto)* çocuk yastığı
Kinderteller çocuk tabağı
Kino sinema
Kirche kilise
Kirchturm kilise kulesi
Kirmes kermes
Kirschen kiraz
kitschig telli pullu
klar açık; *(Wasser)* berrak
Klasse *(Schule)* sınıf; *(Zug)* mevki
Klassik *(Musik)* klasik müzik
Klassiker *(Film)* klasik film
Kleid elbise
Kleiderbügel elbise askısı
Kleidung giyim, kıyafet
klein küçük, ufak

Kleingeld bozuk para
Kleinkinder (bis zu ... Jahren) (... yaşına kadar) çocuklar
Kleinkunstbühne oda tiyatrosu, küçük sahne
Klima iklim
Klimaanlage klima (tesisatı)
Klingel zil
Kloster manastır
klug akıllı, zeki
Kneipe meyhane, birahane
Knie diz
Knoblauch sarımsak
Knöchel aşık
Knochen kemik
Knochenbruch kemik kırılması
Koch aşçı
Kochbuch yemek kitabı
kochen *(Essen zubereiten)* pişirmek; *(sieden)* kaynamak
Kocher ocak
Kochnische pişirme köşesi
Koffer bavul
Kofferraum bagaj
Kohl lahana
Kokosnuss (büyük) Hindistan cevizi
Kolik kolik
Kollege/Kollegin meslektaş, iş arkadaşı
kommen gelmek
Komödie komedi
Kompass pusula
Komponist(in) besteci
Konditorei pastane
Kondom prezervatif
König(in) kral/kraliçe
können -ebilmek/-abilmek *(an den Verbstamm angehängt!)*; *(gelernt haben)* **bilmek**
Konsulat konsolosluk
Kontakt kontak, ilişki
Konto hesap
Kontrolleur kontrolcü
kontrollieren kontrol etmek
Konzert konser
Kopf baş
Kopfhörer kulaklık
Kopfkissen yastık
Kopfsalat yeşil salata
Kopfschmerzen baş ağrısı
Kopfschmerztabletten baş ağrısı hapı
Kopie kopya
Korb sepet
Korkenzieher tirbuşon

Körper vücut, gövde
Körperbehinderung bedensel engelleme
kosten ... kostet 10 Euro ... *-(n)in* fiyatı 10 euro
Kosten masraf
kostenlos bedava
Kostüm kostüm, giysi
Kotelett pirzola
Koteletten favoriler
Krabben çağanoz
Krampf kramp
krank hasta
Krankenhaus hastahane
Krankenkasse sağlık sigortası
Krankenpfleger(in) hasta bakıcı
Krankenschein sağlık sigortası belgesi
Krankenschwester hemşire
Krankenwagen ambülans
Krankheit hastalık
Kräuter *(Heil~)* şifalı otlar; *(Gewürz~)* baharat
Krawatte kravat
kreativ yaratıcı
Krebs *(Tier)* yengeç; *(Krankheit)* kanser
Kreditkarte kredi kartı
Kreislaufmittel kan dolaşımı ilacı
Kreislaufstörung kan dolaşımı bozukluğu
Kreuz haç
Kreuzfahrt deniz gezisi
Kreuzgang (manastır avlusunda) sütunlu yol
Kreuzung dört yol ağzı
Kristall kristal
Krone *(Zahn)* kron
Krücke koltuk değneği
Küche mutfak
Kuchen pasta
Kugelschreiber tükenmez
kühl soğuk, serin
Kühlelement soğutma
Kühler radyatör
Kühlschrank buz dolabı
Kühltasche izolasyonlu çanta
Kühlwasser radyatör suyu
Kultur kültür
Kümmel Karaman kimyonu
kümmern, s. ~ um ... *ile* ilgilenmek
Kunde/Kundin müşteri
Kunst sanat

Kunstgewerbe el işleri
Kunsthändler(in) galerici
Kuppel kubbe
Kupplung debriyaj
Kürbis kabak
Kurs kurs
Kurve dönemeç, viraj
kurz kısa
Kurzfilm kısa film
kurzfristig kısa vadeli
kürzlich az önce, geçenlerde
Kurzschluss kontak, kısa devre
Kuss öpüş, öpücük
küssen öpmek
Küste kıyı, sahil

L

lachen gülmek
lächerlich gülünç
Ladegerät akü şarj cihazı
Lage *(Situation)* durum; *(Stelle)* yer
Lähmung felç
Lammfleisch kuzu eti
Lampe lamba
Land ülke; *(Gegensatz zu Wasser)* kara
Landausflug karada gezi, karaya çıkış
Landkarte harita
Landschaft manzara, doğa
Landsmann yurttaş, memleketli
Landstraße kara yolu
Landung iniş
lang uzun
Langlaufski cross-country kayak
langsam *adj* yavaş; *adv* yavaş yavaş
langweilig cansıkıcı
Lärm gürültü, şamata
lästig cansıkıcı, usandırıcı

Lastwagen kamyon; *(Pick-up)* kamyonet; *(Lastzug)* tır
Lauch pırasa
laufen koşmak
laut *adj (Lärm)* gürültülü; *(Stimme)* yüksek sesli; *adv* yüksek sesle
Lautsprecher hoparlör
leben yaşamak
Lebensmittelgeschäft bakkal, gıda satış mağazası
Lebensmittelvergiftung gıda zehirlenmesi
Leber karaciğer
Leberpastete karaciğer ezmesi
lebhaft canlı, hareketli
lecker lezzetli
Lederjacke deri ceket
Lederwaren deri eşya
Lederwarengeschäft deri eşya mağazası
ledig bekar
leer boş
Leerlauf rölanti
Leerung boşaltma
legen koymak; *(ausbreiten)* sermek
Leggins tayt
leicht *(einfach)* kolay; *(Gewicht)* hafif
Leichtathletik atletizm
leider maalesef, (ne) yazık ki
leihen *(jdm)* ödünç vermek; *(von jdm)* ödünç almak
Leihwagen kiralık araç
Leinen keten
leise sessiz, yavaş
Leistenbruch kasık fıtığı
Leiter(in) yönetici
Lenkrad-Drehknopf *(Auto)* direksyonu çevirme düğmesi
lernen öğrenmek
lesen okumak
letzte(r, -s) sonuncu, son
letzten Montag geçen pazartesi
Leuchtturm fener kulesi
Leute insanlar, halk
Licht ışık
Lichtmaschine şarj dinamosu
Lichtschalter elektrik düğmesi
Lichtschutzfaktor güneş koruma faktörü
Liebe aşk, sevgi
lieben sevmek
liebenswürdig nazik, sevimli

lieblich *(Wein)* tatlı
Liebling sevgili; *(Anrede)* sevgilim
Lied şarkı; *(Volks~)* türkü
liegen *(s. befinden)* bulunmak; *(ausgestreckt sein)* yatmak, uzanmak
Liegewagenplatz kuşetli vagondaki yer
Liegewiese çimen
lila eflatun
Limonade limonata, meyvalı gazoz
Linie çizgi, *(auch Bus~)* hat
linke(r, -s) sol
links/nach links solda/sola
Linse mercek
Linsen mercimek
Lippe dudak
Lippenstift ruj
Liter litre
Livemusik canlı müzik
Loch delik; *(Mulde, Vertiefung)* çukur
Locke lüle, bukle
Lockenwickler bigudi
Löffel kaşık
Loge loca
Loipe kayak parkuru/yolu
Lorbeer defne
Luft hava
Luftkissenboot deniz otobüsü
Luftmatratze deniz yatağı, şişirme yatak
Luftpumpe pompa, hava pompası
Lunge akciğer
Lungenentzündung zatürre
lustig neşeli
luxuriös lüks, çok konforlu

M

machen yapmak; *(herstellen)* üretmek
Mädchen kız
Magen mide
Magenschmerzen mide ağrısı
mager *(Mensch, Tier)* zayıf; *(Fleisch)* yağsız
Mahlzeit yemek
Mai mayıs
Mais mısır
Makrele uskumru
Malbuch resim defteri
malen resim yapmak
Maler(in) ressam
Malerei ressamlık, resim sanatı
man insan
manchmal bazen
Mandarinen mandalina
Mandelentzündung bademcik iltihabı
Mandeln *(Nüsse)* badem; *(Organ)* bademcik
Mann adam, erkek
Mannschaft takım, ekip
Mantel *(Damen-)* manto, *(Winter-)* palto
Margarine margarin
Markt pazar, çarşı
Marmelade reçel, marmelat
März mart
Maschine makine, makina
Masern kızamık
Massage masaj
Material malzeme
Matratze şilte
Mauer duvar; *(Stadt~, Festungs~)* sur
Mayonnaise mayonez
Medikament ilaç
Meer deniz
Mehl un
mehr als -den/-dan çok, -den/-dan fazla
mein(e) benim
meinen düşünmek
meinetwegen benim için, benim yüzümden
Meinung fikir, görüş
Melone *(Wasser-)* karpuz; *(Honig-)* kavun
Mensch insan
Menstruation aybaşı
Menü mönü

merken -*(n)in* farkına varmak, -*(y)i* algılamak
Messe *(rel)* ayin; *(Ausstellung)* fuar
Messer bıçak
Meter metre
Metzgerei kasap
mich beni
Miete kira
mieten kiralamak
Mietwagen kiralık araç
Migräne migren, baş ağrısı
Mikrowelle mikrodalga fırını
Milch süt
Millimeter milimetre
mindestens en azından, hiç olmazsa
Mineralwasser maden suyu, soda
Minibar minibar
Minigolf minigolf
Minute dakika
mir bana
Missverständnis yanlış anlama
mit ... ile *(nachgestellt!)*, -le, -la *(als Endung)*; *(zusammen mit:)* ... ile beraber
mit Luftpost uçakla
mitbringen birlikte getirmek, yanında getirmek
Mitbringsel hediye
mitnehmen yanına almak, alıp götürmek
Mittag öğlen
Mittagessen öğle yemeği
mittags öğleyin; *(jeden Mittag)* öğleleri
Mitte orta
Mitteilung bildiri, haber
Mittel araç; *(Heil~)* ilaç
Mittelalter Ortaçağ
Mittelmeer Akdeniz
Mittelohrentzündung orta kulak iltihabı
Mittwoch çarşamba
Möbel mobilya
Mobilitätsbehinderte(r) yürüme engelli
Mobiltelefon mobil telefon
Mode moda
Modell model
modern modern
Modeschmuck incik boncuk
mögen *(gern haben)* sevmek, beğenmek; *(wünschen)* arzu etmek; *(wollen)* istemek

möglich mümkün, olası
Mole dalgakıran
Monat ay
monatlich *adj* aylık; *adv (jeden Monat)* her ay
Mond ay
Montag pazartesi
morgen yarın
Morgen sabah
morgen früh/morgen Abend yarın sabah/yarın akşam
morgens sabahleyin, *(jeden Morgen)* sabahları
Mosaik mozaik
Motor motor
Motorboot deniz motoru
Motorhaube kaput
Mountainbike dağ bisikleti
Möwe martı
Mücke sivrisinek
müde yorgun
Müll çöp
Mullbinde gaz bezi
Mülltonne çöp bidonu
Mumps kabakulak
Mund ağız
Münze madeni para
Muschel midye
Museum müze
Musical müzikal
Musik müzik
Musik hören müzik dinlemek
musizieren müzik yapmak
Muskatnuss (küçük) Hindistan cevizi
Muskel kas
Müsli müsli
Mutter anne
Mütze kasket

N

nach *(Richtung)* -(y)e/-(y)a, *-(y)e/-(y)a* doğru; *(Reihenfolge) -den/-dan* sonra
nach dem Essen yemekten sonra
Nachbar(in) komşu
Nachmittag öğleden sonra
nachmittags öğleden sonra, *(jeden Nachmittag)* öğleden sonraları
Nachricht haber, bilgi
Nachsaison sezon sonrası
nachsenden yeni adrese göndermek
nächste(r, -s) *(räumlich)* en yakın; *(zeitlich)* gelecek
nächstes Jahr gelecek yıl
Nacht gece
Nachtisch soğukluk
Nachtklub gece klübü
nachts geceleyin, *(jede Nacht)* geceleri
Nachttisch komodin
Nachttischlampe gece lambası
nackt çıplak
Nadel iğne
Nagellack oje, tırnak cilesi
Nagellackentferner aseton
Nagelschere tırnak makası
nah(e) yakın; *(nahe bei/an) -(y)e/-(y)a* yakın, *-(n)in* yakınında
nähen dikmek
Nahverkehrszug banliyö treni
Name isim, ad
Narbe yara izi
Narkose narkoz
Nase burun
Nasenbluten burun kanaması
nass ıslak, yaş
Nationalitätskennzeichen uluslararası işaret
Nationalpark milli park
Natur doğa, tabiat
natürlich *adj* doğal, tabii; *adv* elbette, tabii
Naturschutzgebiet tabiatı koruma alanı
Nebel sis
neben *(wo?) -(n)in* yanında; *(wohin?) -(n)in* yanına
Nebenkosten yan masraflar
Nebenstraße yan sokak

Nebenwirkungen yan etkiler, advers etkiler
negativ olumsuz
nehmen almak
Nelken karanfil
Neoprenanzug neopren elbise
Nerv sinir
nervös sinirli
nett nazik, sevimli
Netz ağ
neu yeni
neugierig meraklı
Neujahr yılbaşı
nicht değil
Nichtraucherabteil sigara içilmeyen kompartıman
nichts hiç bir şey
nie asla, hiç bir zaman
niedrig alçak; *(Rang)* aşağı
niemand hiç kimse
Niere böbrek
Nierenentzündung böbrek iltihabı
Nierengurt bel kemeri
Nierenstein böbrek taşı
niesen hapşırmak
nirgends hiç bir yerde
noch daha, henüz
Norden kuzey
nördlich von *-(n)in* kuzeyinde
normal normal
normalerweise normal olarak
Notausgang imdat kapısı
Notbremse imdat freni
Notebook notebook
Notfall acil durum
Notrufsäule imdat telefonu
notwendig gerekli, zorunlu
November kasım
nüchtern ayık; *(auf nüchternen Magen)* aç karnına
Nudeln makarna
Nummer numara
Nummernschild plaka
nur yalnız(ca), salt
Nüsse *(Wal~)* ceviz; *(Hasel~)* fındık; *(Erd~)* yer fıstığı

O

ob acaba
oben yukarıda
Ober garson
Objektiv objektif
Obst meyva
Obst- und Gemüsehändler(in) manav
oder veya, ya da
offen açık
öffentlich kamusal
offiziell resmi
öffnen açmak
Öffnungszeiten açılış saatleri
oft sık sık, çoğu zaman
ohne -siz, -sız, -süz, -suz *(als Endung am Substantiv)*
Ohnmacht baygınlık
Ohr kulak
Ohrentropfen kulak damlası
Ohrringe küpe
Oktober ekim
Öl yağ
Oliven zeytin
Olivenöl zeytinyağı
Ölmalerei yağlı boya
Ölwechsel yağ değiştirme
Oper opera
Operation ameliyat
Operette operet
Optiker gözlükçü
orange turuncu
Orangensaft portakal suyu
Orchester orkestra
Orden *(rel)* tarikat
Original orijinal, asıl
Originalfassung orijinal çekim
Ort *(Stelle)* yer
Ortschaft köy
Ortsgespräch şehiriçi telefon görüşmesi
Osten doğu
Ostern Paskalya
Österreich Avusturya
Österreicher(in) Avusturyalı
östlich von *-(n)in* doğusunda

P

Paar çift
paar, ein ~ birkaç
Päckchen küçük paket
Paddelboot padılbot
paddeln kürek çekmek
Paket paket
Palast saray
Panne arıza
Pannendienst arıza hizmeti
Papier kağıt
Papiere *(Ausweis)* kimlik; *(Pass)* pasaport; *(Führerschein)* ehliyet; *(Fahrzeugschein)* trafik belgesi
Papierservietten kağıt peçete
Papiertaschentücher kağıt mendil
Paprika kırmızıbiber
Paprika(schote) biber
Parfüm parfüm, esans
Parfümerie parfümeri
Park park
parken park yapmak/etmek; **~ verboten** park etmek yasak
Parkett parter
Parkplatz park yeri, otopark
Party parti
Pass *(Reise~)* pasaport; *(Gebirgs~)* dağ gecidi; *(Fußball)* pas
Passagier yolcu
passen *(Kleidung)* uymak; *(in Koffer) -(y)e/-(y)a* sığmak; *(gelegen kommen)* uygun olmak
Passkontrolle pasaport kontrolü
Pauschalpreis götürü fiyat
Pause ara; *(Rast)* mola
Pension pansiyon
Perle inci
Person kişi
Personalausweis kimlik; hüviyet
Personalien kimlik bilgileri
persönlich kişisel, şahsi
Perücke peruk, takma saç
Petersilie maydanoz
Petroleum petrol
Pfand rehin; *(Flaschen~)* depozito
Pfannengericht tava yemeği
Pfeffer biber, karabiber

Pfefferstreuer biberlik
Pferd at
Pfingsten Pantkot Yortusu
Pfirsiche şeftali
Pflanze bitki
Pflaster plaster
Pflaumen erik
pflegebedürftig bakıma muhtaç
Pfund yarım kilo
Pilot(in) pilot
Pinzette cımbız
Plakat afiş
Planschbecken çocuk havuzu
Plastik *(Kunststoff)* plastik; *(Kunstwerk)* yontu, heykel
Plastikbeutel plastik poşet
Platten patlak
Platz *(in der Stadt)* meydan; *(Ort, Stelle)* yer
Platzkarte numaralı bilet
Plombe dolgu
plötzlich aniden, birdenbire
Polizei polis
Polizeiwagen polis arabası
Polizist/in polis/kadın polis
Pony *(Pferd)* midilli; *(Frisur)* kahkül, perçem
Portal taçkapı
Portier kapıcı
Portion porsiyon
Porto posta ücreti
Porträt portre
Porzellan porselen
Post postane
Postkarte kartpostal
postlagernd postrestant
Postleitzahl posta kodu
praktisch pratik
Präservativ prezervatif
Preis *(einer Ware)* fiyat; *(Auszeichnung)* ödül
Prellung çürük
Premiere prömiyer, gala
Priester rahip
privat özel
Probe *(Versuch)* deneme; *(Einübung)* prova
Problem sorun
Produkt ürün
Programm program
Programmheft program dergisi
Promillegrenze alkol duvarı
Prospekt broşür, prospektüs
Prothese protez
provisorisch geçici

Prozent yüzde *(der Zahl vorangestellt!)*
Puder pudra
Pullover kazak, sveter
Puls nabız
Pulverschnee toz halinde kar
pünktlich dakik
putzen temizlemek; *(die Zähne ~)* dişlerini fırçalamak; *(sich die Nase ~)* burnunu silmek

Q

Quadratmeter metre kare
Qualität nitelik, vasıf; *(einer Ware)* kalite
Quark lor
Quelle kaynak
quer durch *-(n)in* ortasından
Querformat yatay boyut
querschnittsgelähmt yarı felçli
Quittung makbuz

R

Rabatt indirim
Rad tekerlek
Rad fahren bisiklete binmek
Radarkontrolle radar kontrolü
Radierung gravür, kazıma resimi
Radio radyo
Radsport bisiklet sporu
Radtour bisiklet turu
Rampe rampa
Rasen çim, çimen
Rasierapparat traş makinesi
Rasierklingen jilet
Rasierpinsel traş fırçası
Rasierschaum traş köpüğü
Rasierwasser traş losyonu
Rastplatz dinlenme yeri
Raststätte dinlenme tesisi
Rathaus belediye sarayı
rauchen sigara içmek, *(Pfeife)* pipo içmek; *(Feuer)* duman çıkarmak
Raucher sigara içen
Raucherabteil sigara içilen kompartıman

Raum *(Zimmer)* oda, *(Saal)* salon; *(Gebiet)* alan
Rechnung fatura; *(im Restaurant, Café)* hesap
rechte(r, -s) sağ
rechts/nach rechts sağda/sağa
Rechtsanwalt/anwältin avukat/kadın avukat
rechtzeitig *adv* zamanında, vaktinde
reden konuşmak
regelmäßig *adj* düzenli; *adv* düzenli olarak
Regen yağmur
Regenmantel yağmurluk
Regenschauer sağanak
Regie reji
Regierung hükümet
Region bölge
regnerisch yağmurlu
reich zengin, varlıklı
reif olgun
Reifen lastik
reinigen temizlemek
Reinigung temizleme; *(Geschäft)* kuru temizleyici
Reis pirinç; *(gekochter ~)* pirinç pilavı
Reise yolculuk, seyahat
Reisebüro seyahat acentası
Reiseführer *(Person)* turist rehberi; *(Buch)* seyahat kılavuzu
Reisegesellschaft seyahat grubu
reisen yolculuk yapmak; *(~ nach ...)* -*(y)e/-(y)a* gitmek
Reisepass pasaport
Reisescheck seyahat çeki
Reisetasche seyahat çantası
reiten ata binmek
Reitschule binicilik okulu
reklamieren şikayet etmek
Religion din
Rennen yarış
Rennrad yarış bisikleti
reparieren tamir etmek, onarmak
reservieren ayır(t)mak, rezerve etmek
Reservierung ayırtma, rezervasyon
Rettungsboot cankurtaran sandalı
Rettungsring cankurturan simidi

Rezept reçete
Rezeption resepsiyon
R-Gespräch ödemeli konuşma
Rheuma romatizma
Richter(in) hakim
richtig *(Gegensatz zu falsch)* doğru; *(geeignet)* uygun
Richtung yön, istikamet
riechen *(etw ~)* koklamak; *(nach etw ~)* kokmak
Rindfleisch sığır eti
Ring yüzük
Rock etek; *(Musik)* rock müzik
roh çiğ
roher Schinken çiğ jambon
Rollschuh (tekerlekli) paten
Rollstuhl tekerlekli sandalye
Rollstuhlfahrer/in tekerlekli sandalye kullanan adam/kadın
rollstuhlgängiger Wagen *(Zug)* tekerlekli sandalyeye uygun vagon
rollstuhlgerecht tekerlekli sandalyeye uygun
Rollstuhlkabine *(Schiff)* tekerlekli sandalyeye uygun kabin
Roman roman
röntgen *-(n)in* röntgenini çekmek
Röntgenaufnahme röntgen filmi
rosa pembe
Rosé pembe şarap
Rosmarin biberiye
rot kırmızı
Röteln kızamıkçık
Rotwein kırmızı şarap
Route rota, yol, yön
Rücken sırt
Rückenschmerzen sırt ağrısı
Rückfahrkarte gidiş-dönüş bileti
Rückfahrt dönüş
Rückholservice geri getirme servisi
Rücklicht arka lamba
Rucksack sırt çantası
Rückspiegel dikiz aynası
rückwärts geri geri
Rückwärtsgang geri vites
Ruder kürek
Ruderboot (kürekli) kayık
Rudern/rudern kürek sporu/ kürek çekmek

Ruhe *(Stille)* sessizlik; *(seelische ~)* rahat; *(Ausruhen)* dinlenme
ruhig *(still)* sakin, sessiz *(gelassen)* rahat
Ruine harabe
rund yuvarlak, değirmi
Rundfahrt tur

S

Saal salon
Sache *(Ding)* şey, eşya
Safe kasa
Safran safran
saftig sulu
sagen söylemek, demek
Sahne kaymak
Saison sezon, mevsim
Salami salam
Salat salata
Salatbüfett salata büfesi
Salbe merhem
Salbei adaçayı
Salz tuz
Salzstreuer tuzluk
sammeln biriktirmek
Samstag cumartesi
Sandalen sandal, sandalet
Sandburg kum kalesi
Sandkasten kum havuzu
Sänger(in) şarkıcı
Sanitäreinrichtungen sağlık donatımı
satt tok, doymuş
Satz cümle, tümce
sauber temiz

sauer ekşi
Sauerstoffgerät nefes alma cihazı
Sauger emzik
Saugflasche biberon
Säugling bebek
Säule sütun
Sauna sauna
S-Bahn® metro
schade! ne yazık!
Schaden *(Beschädigung)* zarar; *(Motor~)* arıza, bozukluk
Schaffner(in) kondüktör
Schafskäse beyaz peynir
Schal atkı, eşarp
scharf acı
Schatten gölge
schauen, ~ auf *-(y)e/-(y)a* bakmak
Schaufenster vitrin, camekan
Schauspieler(in) aktör/aktris
Scheibe dilim
Scheibenwischer silecek
Scheinwerfer far
Scheitel saçı ayırma cizgisi
schenken hediye etmek
Schere makas
schicken göndermek, yollamak
Schiebedach sürme tavan
Schienbein kaval kemiği
Schiene *(Bahn)* ray; *(med)* kırık tahtası
Schild *(Hinweis~)* levha
Schinken jambon
Schirm şemsiye
Schlafcouch sedir
schlafen uyumak
Schlaflosigkeit uykusuzluk
Schlaftabletten uyku hapı
Schlafzimmer yatak odası
Schlaganfall felç, inme
Schläger *(Tennis~)* raket
Schlagsahne kremşanti
Schlange yılan
schlank ince, zayıf
Schlauch *(Wasser~)* hortum; *(vom Reifen)* iç lastik
Schlauchboot lastik bot
schlecht fena, kötü
Schlepplift teleski
Schließfach kilitli bagaj kutusu
Schlitten kızak
Schlittschuhe paten, buz pateni
Schloss *(Gebäude)* saray; *(Tür)* kilit
Schlucht boğaz

Schlüssel anahtar
Schlüsselbein köprücük kemiği
Schlüsselübergabe anahtar teslimi
schmecken *(kosten)* -*(n)in* tadına bakmak
schmecken ... schmeckt gut/ schlecht ...-*(n)in* tadı iyi/kötü
Schmerzen ağrı, *(stechend/ bohrend)* sancı
Schmerztabletten ağrı kesici hap
Schmuck süs
Schmuggel kaçakçılık
schmutzig kirli, pis
Schnappschuss enstantane
schnarchen horlamak
Schnee kar
Schneider(in) terzi
schnell *adj* çabuk, hızlı; *adv* acele, çabuk
Schnellstraße ekspres yol
Schnittkäse dilim peyniri
Schnittwunde bıçak yarası, kesik
Schnitzerei *(Kunst)* oymacılık *(Kunstwerk)* tahta oyma
Schnorchel şnorkel
schnorcheln şnorkelle dalmak
Schnuller emzik
Schnupfen nezle
Schnurrbart bıyık
Schnürsenkel ayakkabı bağcığı
Schokolade çikolata; *(Getränk)* kakao
Schokoriegel gofret
schön güzel
Schonkost diyet, pehriz yemeği
Schonzeiten *(Fischerei)* balık avlama yasağı
Schrank dolap
Schraube vida
schrecklich korkunç
schreiben yazmak
Schreibtelefon yazı telefonu
Schreibwaren kırtasiye
Schreibwarengeschäft kırtasiye mağazası
schreien bağırmak
Schrift yazı
schriftlich yazılı
schüchtern utangaç
Schuh ayakkabı
Schuhbürste ayakkabı fırçası
Schuhcreme ayakkabı boyası

Schuhgeschäft ayakkabı mağazası
Schuhmacher ayakkabıcı
Schuld suç, kabahat; *(Geld)* borç
Schule okul
Schulkinder okul çocukları
Schulter omuz
Schuppen *(vom Menschen)* kepek; *(vom Fisch)* pul
Schüssel çanak
Schüttelfrost nöbet titremesi
Schutzhütte kulübe
schwach zayıf, güçsüz
Schwager *(Mann der Schwester)* enişte; *(Bruder der Ehefrau/des Ehemannes)* kayın
Schwägerin *(Frau des Bruders)* yenge; *(Schwester der Ehefrau)* baldız; *(Schwester des Ehemannes)* görümce
Schwangerschaft gebelik
schwarz siyah
Schwarzbrot kara ekmek
Schwarzweißfilm siyah-beyaz film
Schweinefleisch domuz eti
Schweiz İsviçre
Schweizer Franken İsviçre frankı
Schweizer(in) İsviçreli
Schwellung şişme
schwer *(Gewicht, Krankheit)* ağır; *(schwierig)* zor, güç
Schwerbehinderte(r) ağır özürlü
Schwertfisch kılıç balığı
Schwester kız kardeş
schwierig zor
schwimmen yüzmek
Schwimmer(in) yüzücü
Schwimmflossen palet
Schwimmflügel yüzme kolluğu
Schwimmkurs yüzme dersi
Schwimmring can yeleği
Schwimmweste cankurtaran yeleği
Schwindel *(med)* baş dönmesi; *(Betrug)* hile
schwindlig, mir/ihr ist ~ başım/başı dönüyor
schwitzen terlemek
schwül bunaltıcı sıcak
See göl; *(Meer)* deniz
Seegang dalgalı deniz

seekrank, ich bin/er ist ~ beni/onu deniz tuttu
Seezunge dil balığı
Segelboot yelkenli tekne
Segelfliegen planörcülük
Segeln/segeln yelken sporu/ yelkenliyle gezmek
Segeltörn yelkenli gezisi
sehbehindert görme özürlü/ engelli
Sehbehinderte(r) görme özürlü/engelli
sehen görmek
Sehenswürdigkeiten görülmeye değer yerler
sehr çok, pek
Seide ipek
Seidenmalerei ipek boyama
Seife sabun
Seil ip, halat
Seilbahn teleferik
sein *verb* olmak; *poss prn* onun
seit *-den/-dan* beri; seit gestern yarından beri
Seite yan, taraf; *(Buch~)* sayfa
Sekunde saniye
selbst *(ich selbst)* kendim, *(du selbst)* kendin, *(er/sie selbst)* kendisi, *(wir selbst)* kendimiz, *(ihr selbst)* kendiniz, *(sie selbst)* kendileri
Selbstauslöser otomatik deklanşör
Selbstbedienung selfservis
Selfiestick selfie çubuğu
Sellerie kereviz
selten *adj* nadir; *adv* nadiren
Sendung *(Radio, Fernsehen)* yayın
Senf hardal
September eylül
servieren servis yapmak
Serviette peçete
Sessel koltuk
Sessellift telesiyej
sexuelle Belästigung sarkıntılık
Shampoo şampuan
Shorts şort
Show şov
sicher *adj* emin; *(fest)* sağlam; *adv* şüphesiz
Sicherheitsgebühr hava emniyeti ücreti

Sicherheitsgurt emniyet kemeri
Sicherheitskontrolle emniyet kontrolü
Sicherheitsnadel çengelli iğne
Sicherung *(el)* elektrik sigortası
sie *sing* o; *pl* onlar
Sie siz
Silber gümüş
silbern *(aus Silber)* gümüş; *(silberfarbig)* gümüş rengi
Sinfoniekonzert senfoni konseri
singen şarkı söylemek
Sitz *(Sitzplatz)* oturacak yer
sitzen oturmak
Skateboard kaykay
Ski kayak
Ski laufen kayak yapmak
Skibindung bağlama
Skibrille kayak gözlüğü
Skihose kayak pantolonu
Skikurs kayak kursu
Skilehrer(in) kayak hocası
Skistiefel kayak ayakkabısı
Skistöcke kayak sopaları
Skulptur yontu, heykel
Slip külot, don, slip
Slipeinlagen orkid®, kadın pedi
Smartphone akıllı telefon
Smoothie smuzi
SMS (kısa) mesaj
Söckchen kısa çorap
Socken çorap
Sodbrennen mide yanması
sofort hemen, derhal
Sofortbildkamera polaroid fotoğraf makinesi
Sohle *(Schuh~)* pençe; *(Fuß~)* taban
Sohn oğul
Solarium solaryum
Solist(in) solist
sollen -meli/-malı *(an den Verbstamm angehängt, danach Personalendung Präs.)*
Sommer yaz
Sondermarke özel pul
Sonne güneş
Sonnenbrand güneş yanığı
Sonnencreme güneş kremi
Sonnenhut güneş şapkası
Sonnenliege şezlong
Sonnenöl güneş yağı
Sonnenschirm güneş şemsiyesi

Sonnenschutz güneş koruyucusu
Sonnenstich güneş çarpması
sonnig güneşli
Sonntag pazar
sorgen, s. – um ... için endişelenmek
Sorte tür, çeşit
Soße sos, salça
Souvenirladen turistik eşya satan dükkan
Sozialstation sosyal danışma merkezi
Spargel kuşkonmaz
Spaß *(Scherz)* şaka; *(Vergnügen)* eğlence
spät geç
später *(Komparativ von spät)* daha geç; *(nachher)* sonra
spazieren gehen dolaşmak, gezinmek
Spaziergang gezinti
Speisekarte yemek listesi
Speiseröhre yemek borusu
Speisesaal yemek salonu
Speisewagen vagon restoran
Spezialität spesiyalite, *(besonderes Essen)* özel yemek
speziell özel, hususi
Spiegel ayna
Spiel oyun; *(Sport)* maç
spielen oynamak
Spielkamerad oyun arkadaşı
Spielkasino kumarhane
Spielplan program, repertuar
Spielplatz çocuk bahçesi
Spielsachen oyuncak
Spielwarengeschäft oyuncakçı
Spinat ıspanak
Spirituosengeschäft içki satış yeri
Sport spor
Sportler(in) sporcu
Sportplatz spor sahası
Sprache dil, lisan
Sprachkurs dil kursu
sprechen konuşmak
Sprechstunde muayene saati
Spritze iğne
Spritze, jdm eine – geben *-(y)e/-(y)a* iğne yapmak
Spülbürste bulaşık fırçası
Spülmittel bulaşık deterjanı

Spültuch bulaşık bezi
Staat devlet
Staatsangehörigkeit vatandaşlık, yurttaşlık
Stadion stadyum
Stadt şehir, kent; *(Klein~)* kasaba
Stadtbus belediye otobüsü
Stadtmauer sur
Stadtplan şehir haritası
Stadtrundfahrt şehir turu
Stadtteil semt, mahalle
Stadtzentrum şehir merkezi
stammen (aus) *-den/-dan* gelmek
Standlicht park lambası
stark kuvvetli, sağlam, güçlü
Starthilfekabel akü takviye kablosu
Station istasyon; *(Krankenhaus~)* koğuş, bölüm
Stativ sehpa, üçayak
stattfinden meydana gelmek, vukubulmak
Statue heykel, yonut
Stau tıkanma
Staub toz
stechen batırmak; *(Insekt)* sokmak
Steckdose priz
Stecker fiş
Steg *(Boots~)* iskele; *(schmale Brücke)* köprücük
stehen durmak, *(Mensch)* (ayakta) durmak; *(s. befinden)* bulunmak
Stehklosett alaturka tuvalet
stehlen çalmak, hırsızlık etmek
Steigung yokuş
steil dik, sarp
Stein taş
steinig taşlı
Stempel damga
Stern yıldız
Sternwarte rasathane
Steward(ess) hostes
Stickerei nakış
Stiefel çizme
Stil üslup, tarz
still *(ruhig)* sakin; *(lautlos)* sessiz
Stillleben natürmort
stinken kötü kokmak, pis kokmak
Stirnhöhlenentzündung sinüzit

Stock(werk) kat
Stoff *(Gewebe)* kumaş; *(Substanz)* madde
stören rahatsız etmek
stornieren *(Zimmer, Fahr-, Flugkarten)* iptal ettirmek
Stoßstange tampon
Strafe ceza; *(Geld~)* para cezası
Strafraum ceza alanı
Strähnchen röfle
Strand *(Bade~)* plaj; *(Sand~)* kumsal; *(Ufer, Küste)* sahil
Strandschuhe plaj ayakkabısı
Straße sokak, cadde; *(Land~)* kara yolu, şose
Straßenbahn tramvay
Straßenkarte yol haritası
Strauß *(Blumen-)* demet, buket
Streichholz kibrit
Strickjacke hırka
Strohhalm kamış
Strom *(Fluss)* ırmak, nehir; *(el)* elektrik
Stromanschluss elektrik bağlantısı
Strompauschale götürü elektrik parası
Stromspannung voltaj
Strümpfe çorap
Strumpfhose külotlu çorap
Stück *(Teil eines Ganzen)* parça, kısım; *(Zählwort)* tane
studieren (üniversitede) okumak; öğrenim yapmak
Studio stüdyo
Stufe basamak
stufenloser Zugang basamaksız geçit
Stufenschnitt kat kat kesim
Stuhl sandalye; *(Hocker)* iskemle
Stuhlgang büyük aptes
stumm *(sprachunfähig)* dilsiz; *(still)* sessiz
Stunde saat; *(Unterrichts~)* ders (saati)
stündlich saatte bir
Sturm fırtına
stürzen *(fallen)* düşmek
Sturzhelm kask
suchen aramak
Sucher vizör
Süden güney
südlich von -*(n)in* güneyinde
Summe toplam; *(Geld~)* tutar
Sumpf bataklık

Supermarkt süpermarket
Suppe çorba
Suppenteller çorba tabağı
Surfbrett sörf tahtası
surfen sörf yapmak
süß tatlı
Süßigkeiten tatlılar
Süßstoff sakarin
Süßwarengeschäft şekerci, tatlıcı
Swimmingpool yüzme havuzu
sympathisch sempatik

T

Tabak tütün
Tabakladen tütün bayii, sigaracı
Tablette hap, tablet
Tachometer kilometre saati
Tag gün
Tagesausflug günlük gezi
Tagesgericht günün yemeği
Tageskarte günlük bilet
Tagespass günlük bilet
Tagestour günlük tur
täglich günlük ; *(jeden Tag)* her gün
tagsüber gündüzleyin, *(immer tagsüber)* gündüzleri
Tal vadi
Talstation ova istasyonu
Tampons tampon
Tank *(Benzin~)* depo
tanken benzin doldurmak
tanzen dans etmek; *(Volkstanz)* oynamak
Tänzer(in) dansçı
Tanzkapelle dans orkestrası
Tanztheater dans tiyatrosu
Tasche çanta; *(Hosen~, Jacken~)* cep

Taschenbuch cep kitabı
Taschendieb yankesici
Taschenmesser çakı
Taschenrechner cep hesap makinesi
Tasse fincan
Taststock değnek
taub sağır
taubstumm sağır dilsiz
Taubstumme(r) sağır dilsiz
tauchen dalmak
Taucherausrüstung dalgıç takımı
Taucherbrille dalgıç gözlüğü/ maskesi
täuschen, s. ~ aldanmak
Taxifahrer taksi şoförü
Taxistand taksi durağı
Tee çay
Teebeutel çay poşeti
Teelöffel çay kaşığı
Teil parça, kısım; *(Sparte)* bölüm
Teilkasko kısmi kasko sigortası
teilnehmen (an) *-(y)e/-(y)a* katılmak
Telefon telefon
Telefonbuch telefon rehberi
telefonieren telefon etmek
Telefonkarte telefon kartı
Telefonnummer telefon numarası
Telefonzelle telefon kulübesi
telegrafische Überweisung telgraf havalesi
Telegramm telgraf
Teleobjektiv teleobjektif
Telex teleks
Teller tabak
Tempel tapınak
Temperatur ısı
Tennis tenis
Tennisschläger tenis raketi
Termin saptanan gün; *(Verabredung; Arzt~)* randevu
Terminal terminal
Terrakotta terakota
Terrasse teras
Tetanus tetanos
teuer pahalı
Theater tiyatro
Theatergruppe tiyatro grubu
Theaterstück tiyatro oyunu
Thriller gerilim filmi
Thunfisch tonbalığı
tief derin

Tier hayvan
Tintenfisch ahtapot
Tipp *(Rat)* öğüt
Tisch masa
Tischtennis ping pong, masa tenisi
Tischtuch masa örtüsü
Toast tost
Toaster tost makinesi
Tochter kız (çocuk)
Toilette tuvalet
Toilettenpapier tuvalet kağıdı
Tomaten domates
Ton ses; *(Farb~)* ton; *(~erde)* kil
tönen *(Haare)* hafifçe boyamak
Töpferei *(Kunst)* çömlekçilik, *(Werkstatt)* çömlek atölyesi
Töpferwaren çanak çömlek
Tor *(Tür)* kapı; *(Sport)* kale, *(~schuss)* gol
Torwart kaleci
Tour tur
Tourist(in) turist
Tracht *(Volks~)* folklorik giysi
tragbarer CD-Spieler portatif CD çalar
tragen taşımak
Tragflügelboot hidrofoil bot
Tragödie trajedi
trampen otostop yapmak
Transferbus servis otobüsü
Traum düş, rüya
traurig üzgün, kederli
treffen *... ile* karşılaşmak; *(zufällig) -(y)e/-(y)a* rastgelmek,
Trekkingrad tur bisikleti
Treppe merdiven
Tretboot pedallı sandal
trinken içmek
Trinkflasche içme şişesi
Trinkgeld bahşiş
Trinkwasser içme suyu
trocken kuru; *(Wein)* sek
trockenes Haar kuru saç
Trockenfrüchte und Nüsse kuruyemiş
trocknen kurutmak
Trödler eskici
Trommelfell kulak zarı
Tropfen damla
trotzdem bununla beraber, buna karşın
T-Shirt tişört

Tuch *(Gewebe)* kumaş; *(Bett~, Tisch~)* örtü; *(Kopf~)* başörtüsü
tun yapmak, etmek
Tunnel tünel
Tür kapı
Türbreite kapı genişliği
Türcode kapı kodu
Türke/Türkin Türk
Türkei Türkiye
türkisch *(Art, Herkunft)* Türk; *(Sprache)* Türkçe
türkisfarben türkuvaz
Turm kule
Turnschuhe spor ayakkabısı
Türschwelle eşik
Tüte poşet, torba; *(Papier~)* kesekağıdı
Typhus tifo, kara humma
typisch tipik

U

U-Bahn metro
Übelkeit mide bulantısı
üben alıştırma yapmak
über *(s. befinden)* -(n)in üzerinde; *(s. bewegen)* -(n)in üzerinden; *(Thema)* üzerine
überall her yerde
überbacken graten
Überfall saldırı; *(Militär, Polizei)* baskın
Übergang geçiş, geçme
überholen geçmek; *(Auto, auch:)* sollamak
Überlandbus şehirler arası otobüs
übermorgen öbür gün
übernachten gecelemek, konaklamak
Übernachtung geceleme
Überreste kalıntılar
übersetzen çevirmek, tercüme etmek
Überweisung havale
üblich alışılmış
übrig bleiben artmak, geriye kalmak

Ufer *(Fluss)* kıyı, yaka; *(Meer)* sahil, kıyı
Uhrmacher saatçi, saat tamircisi
um *(räumlich)* *-(n)in* etrafında; *(Zeitangabe)* (saat) ... -de/-da; *(Zeitangabe: um ... herum)* saat ... sularında
um diese Zeit bu saatlerde
umbuchen *(Flug)* bileti değiştirmek
Umgebung çevre
Umhängetasche omuz çantası
umkehren dönmek
Umleitung mecburi istikamet
umtauschen değiştirmek
Umweg sapa yol, uzatılmış yol
Umwelt çevre
umziehen, s. ~ üstünü değiştirmek
Umzug *(Festzug)* geçit töreni
unangenehm hoş olmayan, tatsız
unbedingt *adv* mutlaka
und ve
unentschieden berabere
Unfall kaza
ungeeignet elverişsiz, uygun olmayan
ungefähr aşağı yukarı
Unglück *(Pech)* şanssızlık, *(Katastrophe)* felaket
Universität üniversite
Unkosten masraflar, giderler
unmöglich olanaksız, imkansız
uns *(Akk.)* bizi, *(Dat.)* bize
unser, unsere bizim
unten aşağıda
unter *(Ort)* *-(n)in* altında; *(Richtung)* *-(n)in* altına; *(inmitten)* *-(n)in* arasında
unterbrechen *(Sitzung etc.)* *-(y)e/-(y)a* ara vermek; *(jdn)* *-(n)in* sözünü kesmek
Unterführung altgeçit, yeraltı geçidi
unterhalb *-(n)in* aşağısında
unterhalten, s. ~ konuşmak
Unterhaltung *(Gespräch)* sohbet; *(Vergnügen)* eğlence
Unterhemd atlet, fanila
Unterhose don, külot
Unterkunft yatacak yer
Unterleib karın altı

unterrichten *(informieren)* *-(y)e/-(y)a* haber vermek; *(Schule)* *-(y)e/-(y)a* ders vermek
unterschreiben imzalamak
Unterschrift imza
Untersuchung muayene
Untersuchungshaft tutukluluk
Untertasse fincan tabağı
Untertitel altyazı
Unterwäsche iç çamaşır
Unterwasserkamera sualtı kamerası
unterwegs yolda
unverbindlich bağlayıcı olmayan
unwichtig önemsiz
Urin idrar
Urlaub tatil

V

Varietee varyete
Vase vazo
Vater baba
Veganer/in vegan kişi
Vegetarier/in vejetaryen
vegetarisch vejeteryan
Ventilator vantilatör
Verabredung *(Vereinbarung)* kararlaştırma, sözleşme; *(Treffen)* randevu
verabschieden, s. ~ vedalaşmak
Veranstaltung *(Darbietung)* gösteri; *(Versammlung)* toplantı
verantwortlich sorumlu
Verband sargı
verbinden sarmak, pansuman yapmak
Verbindung bağlantı
Verbot yasak
Verbrechen suç
Verbrennung yanık
Verdauung sindirim, hazım
Verdauungsstörung hazımsızlık

verdorben *(Essen)* kokuşmuş, çürümüş; *(sittlich)* erdemsiz, ahlaksız
Verein dernek, cemiyet
vereinbaren kararlaştırmak
Vergangenheit geçmiş
vergessen unutmak
Vergewaltigung ırza geçme
Vergiftung zehirlenme
Vergnügen eğlence, neşe
Vergnügungspark lunapark
verhaften tutuklamak
verheiratet evli
verirren, s. ~ yolunu kaybetmek
verkaufen satmak
Verkehr trafik, ulaşım
Verkehrsamt turizm merkezi
verlängern uzatmak
Verlängerungsschnur uzatma kablosu
Verlängerungswoche uzatma haftası
verlassen bırakmak, terk etmek
verletzen yaralamak, *(sich ~)* yaralanmak
Verletzte, der/die ~ yaralı
Verletzung yaralanma, yara
verlieren kaybetmek, yitirmek; *(Kampf, Wettkampf)* yenilmek
Verlobte, der/die ~ nişanlı
vermieten kiralamak, kiraya vermek
Verpackung ambalaj, paket
verpassen kaçırmak
Verpflegung yemekler
verrechnen, s. ~ yanlış hesaplamak
verreisen yolculuk yapmak, seyahat etmek
verrückt deli, çılgın
verschieben *(zeitlich)* ertelemek
verschließen kilitlemek, kapamak
verschreiben reçete yazmak
Versicherung sigorta
Verspätung geçikme, rötar
verstaucht burkulmuş
verstehen anlamak
Verstopfung kabız
versuchen denemek; *(Speisen)* -*(n)in* tadına bakmak
Vertrag sözleşme, kontrat
Vertrauen güven, itimat
verunglücken kazaya uğramak

verursachen sebep olmak, neden olmak
Verwaltung idare, yönetim
verwandt akraba
verwechseln karıştırmak
verwitwet dul
Videokamera video kamerası
viel çok
vielleicht belki
Villa villa, köşk
violett mor
Virus virüs
Visum vize
Vogel kuş
Vogelschutzgebiet kuş cenneti
Volk halk
Volksmusik halk müziği
voll dolu; *(ganz)* bütün, tam
Volleyball voleybol
Vollkasko tam kasko sigortası
Vollpension tam pansiyon
vom Fass fıçıdan
vom Grill ızgarada
von -den, -dan; *(Passiv)* ... tarafından *(nachgestellt!)*
vor *(Ort) -(n)in* önünde; *(Richtung) -(n)in* önüne; *(zeitlich)* önce, evvel *(nachgestellt!)*
vor dem Essen yemekten önce
vor zehn Minuten on dakika önce
Voranmeldung rezervasyon
Voraus, im ~ önceden, peşin
vorbereiten hazırlamak
Vordruck formüler
vorgestern önceki gün
vorher daha önce
vorletzte(r, -s) sondan bir önceki
Vormittag öğleden önce
vormittags öğleden önce, *(jeden Vormittag)* öğleden önceleri
vorn önde
Vorname ön ad
Vorort banliyö, dış semt
Vorrat stok; *(Lebensmittel)* erzak
Vorsaison sezon öncesi
Vorschlag öneri, teklif
Vorschrift yönetmelik, talimat
Vorsicht! dikkat!

vorsichtig dikkatli
Vorspeise meze, ordövr
Vorstellung *(Bekanntmachung)* tanıtma; *(Darbietung)* gösteri, seans; *(Idee)* fikir
Vorteil avantaj
vorüber *(an ... vorüber)* -(n)in önünden; *(... ist vorüber)* ... geçti
Vorverkauf önsatış
Vorwahlnummer *(Stadt)* şehir kodu; *(Land)* ülke kodu
vorwärts ileri
Vulkan yanardağ

W

wach uyanık
Wagenheber kriko
Wagennummer vagon numarası
wählen seçmek; *(tele)* numarayı çevirmek
wahr gerçek, doğru
während *prp* ... sırasında, ... süresince; *conj* iken *(hinter dem Aorist 3. Pers. Sing.)*
wahrscheinlich *adj* olası; *adv* belki; *(als Antwort)* olabilir
Währung para birimi
Wahrzeichen simge, sembol
Wald orman
Wallfahrtsort ziyaret yeri, ziyaretgah
Wand duvar
wandern yürüyüş yapmak; gezinti yapmak
Wanderweg yürüyüş yolu
warm sıcak
warmes Wasser sıcak su
Warnblinkanlage flaşör
Warndreieck üçgen reflektör
warten beklemek

Wartesaal bekleme salonu
Wartezimmer bekleme odası
was ne
Waschbecken lavabo
Wäsche çamaşır
Wäscheklammern çamaşır mandalı
Wäscheleine çamaşır ipi
waschen yıkamak
Wäscherei çamaşırhane
Wäschetrockner çamaşır kurutma makinesi
Waschlappen yıkama bezi
Waschmaschine çamaşır makinesi
Waschmittel deterjan
Waschraum banyo odası, lavabo
Waschsalon çamaşır salonu
Wasser su
Wasserfall şelale
Wasserglas su bardağı
Wasserhahn musluk
Wasserkanister su bidonu
Wasserski su kayağı
Wasserspülung sifon
Wasserverbrauch su tüketimi
Watte pamuk
Wattestäbchen pamuklu çöp
Wechsel *(Veränderung)* değişme, değişiklik; *(Austausch)* değiştirme
Wechselgeld bozuk para
wechselhaft değişken
Wechselkurs döviz kuru, kambiyo rayici
Wechselstube döviz bürosu
Wechselwirkungen *(med)* etkileşmeler
wecken uyandırmak
Wecker çalar saat
Weg yol
weg *(... ist weggegangen)* ... gitmiş; *(... ist verschwunden)* ... kaybolmuş; *(... ist nicht da)* yok
wegen *-den/-dan* dolayı,*-den/-dan* ötürü
weggehen (ayrılıp) gitmek, çekip gitmek
Wegweiser yol işareti
wehtun acımak; *(jdm ~) -(y)i* incitmek
weich yumuşak
Weichkäse beyaz peynir
Weihnachten Noel Bayramı
weil çünkü, zira

Wein şarap
Weinberg bağ
weinen ağlamak
Weinglas şarap bardağı, kadeh
Weinhandlung şarapçı
Weintrauben üzüm
Weisheitszahn yirmi yaş dişi
weiß beyaz
Weißbrot beyaz ekmek
Weißwein beyaz şarap
weit *(nicht eng)* geniş; *(Weg)* uzun; *(entfernt)* uzak
Welt dünya, evren
wenig az
wenigstens hiç olmazsa
wenn *(Bedingung)* eğer; *(zeitlich)* -(y)ince/-(y)ınca/-(y)ünce/-(y)unca *(an den Verbstamm angehängt)*
werden olmak
Werkstatt tamirhane
Werktag iş günü
Werkzeug alet
Wertangabe değer bildirme
wertlos değersiz
Wertsachen kıymetli eşya
Wespe yaban arısı
Weste yelek
Western kovboy filmi
westlich von *-(n)in* batısında
Wetterbericht hava raporu
Wettervorhersage hava tahmini
Wettkampf yarışma
wichtig önemli
Wickeltisch bebek bezi değiştirme masası
wie *(Frage)* nasıl; *(Vergleich)* ... gibi *(nachgestellt)*
wieder tekrar; *(noch einmal)* bir daha, yine
wiederholen tekrarlamak, yinelemek
wiederkommen geri gelmek
Wiese çimenlik, çayır
wild vahşi; *(wahnsinnig)* çılgın
Wildpark vahşi hayvanlar parkı
Wimperntusche rimel, maskara
Wind rüzgar
Windeln çocuk bezi
Windpocken suçiceği
Windrichtung rüzgar yönü
Windschutzscheibe ön cam
Windstärke rüzgar hızı
Windsurfen rüzgar sörfü

windsurfen rüzgar sörfü yapmak
Winter kış
Winterreifen kar lastiği
wir biz
Wirbelsäule bel kemiği
wirklich *adj* gerçek; *adv* gerçekten
wissen bilmek
Witz fıkra, nükte; *(Scherz)* şaka
Woche hafta
Wochenendpauschale hafta sonu fiyatı
Wochenkarte haftalık bilet
Wochenpass haftalık bilet
wochentags iş günleri
wöchentlich *adj* haftalık; *adv* haftadan haftaya
wohnen oturmak, ikamet etmek
Wohnmobil motokaravan
Wohnort ikametgah
Wohnung konut, ev; *(im Wohnblock)* daire
Wohnwagen karavan
Wohnzimmer oturma salonu
Wolke bulut
Wolldecke yün battaniye
Wolle yün
Wort kelime, sözcük
Wunde yara
wunderbar şahane, fevkalade
wundern, s. ~ (über) *-(y)e/ -(y)a* şaşmak, hayret etmek
wünschen dilemek, arzu etmek
Wurm solucan; *(Made)* kurtçuk
Wurst *(türkische Art)* sucuk; *(europäische Art)* salam
Würstchen *(europäische Art)* sosis
würzen baharat katmak
wütend kızgın, öfkeli, hiddetli

Y

Yoga yoga

Z

zäh sert
Zahl sayı, adet
zahlen ödemek
zählen saymak
Zahlung ödeme
Zahn diş
Zahnbürste diş fırçası
Zahnfleisch diş eti
Zahnschmerzen diş ağrısı
Zahnstocher kürdan
Zäpfchen fitil
zart yumuşak
zärtlich şefkatli
Zehe ayak parmağı
Zeichen işaret; *(Beweis)* delil, kanıt
Zeichensprache sağırlar dili
Zeichentrickfilm çizgi film
zeichnen resim çizmek, *(etw ~)* *-(y)i* çizmek
Zeichnung çizim, resim
zeigen göstermek
Zeit zaman; *(Zeitraum)* süre
Zeitschrift dergi, mecmua
Zeitung gazete
Zeitungshändler gazete bayii
Zelt çadır
zelten kamp yapmak
Zeltschnur çadır sicimi/halatı
Zeltstange çadır direği
Zentimeter santimetre
zentral merkezi
Zentralheizung kalorifer
Zentrum merkez
Zerrung kas gerilmesi
Zeuge/Zeugin şahit
Ziegenkäse keçi peyniri
ziehen çekmek
Ziel hedef; *(Zweck)* amaç
ziemlich oldukça
Zigarette sigara
Zigarillo ince puro
Zigarre puro
Zimmer oda
Zimmermädchen oda hizmetçisi
Zimmertelefon oda telefonu
Zirkus sirk
Zitronen limon
Zoll gümrük
Zollerklärung gümrük beyannamesi
zollfrei gümrüksüz

zollfreier Laden gümrüksüz eşya mağazası
Zollgebühren gümrük resimleri
zollpflichtig gümrüklü
Zoo hayvanat bahçesi
zu *(Richtung)* *-(y)e/-(y)a, -(y) e/-(y)a* doğru; *(geschlossen)* kapalı; *(allzu)* pek
zubereiten hazırlamak
Zucker şeker
zuerst önce, ilk önce
zufällig *adv* rasgele, tesadüfen
zufrieden memnun, hoşnut
Zug tren
Zugänglichkeit *(zu einem Ort)* ulaşım
zuhören, jdm – *-(y)i* dinlemek
Zukunft gelecek
zukünftig gelecek
zulässig izin verilen
zuletzt en son, son olarak
Zündkerze buji
Zündschlüssel kontak anahtarı
Zündung kontak
Zunge dil
zurück geri
zurückbringen geri getirmek
zurückfahren *(Verkehrsmittel)* geri gitmek
zurückgeben geri vermek
zurückkehren dönmek
zusagen *(Einladung)* kabul etmek
zusammen beraber, bir arada, birlikte
zusammenschlagen dövmek
Zusammensetzung *(Medikament)* formül
Zusammenstoß çarpışma
zusätzlich *adj* ek; *adv* ek olarak
zuschauen *-(y)i* seyretmek
Zuschauer(in) seyirci
Zuschlag zam
zuständig yetkili
zweite(r, -s) ikinci
zweitens ikincisi, ikinci olarak
Zwiebeln soğa
zwischen *(~ A und B)* A ile B'nin arasında
Zwischenfall olay
Zwischenlandung ara iniş
Zwischenstecker ara priz